中华
经典通识

《资治通鉴》通识

张国刚——著

中华书局

图书在版编目(CIP)数据

《资治通鉴》通识/张国刚著. —北京:中华书局,2022. 7
(2024. 8 重印)
(中华经典通识/陈引驰主编)
ISBN 978-7-101-15743-7

Ⅰ. 资… Ⅱ. 张… Ⅲ.《资治通鉴》-研究 Ⅳ. K204. 3

中国版本图书馆 CIP 数据核字(2022)第 084095 号

书 名	《资治通鉴》通识	
著 者	张国刚	
丛 书 名	中华经典通识	
主 编	陈引驰	
丛书策划	贾雪飞	
责任编辑	贾雪飞	
封面设计	毛 淳	
责任印制	管 斌	
出版发行	中华书局	
	(北京市丰台区太平桥西里 38 号 100073)	
	http://www.zhbc.com.cn	
	E-mail:zhbc@ zhbc.com.cn	
印 刷	天津裕同印刷有限公司	
版 次	2022 年 7 月第 1 版	
	2024 年 8 月第 5 次印刷	
规 格	开本/880×1230 毫米 1/32	
	印张 7⅛ 字数 105 千字	
印 数	20001-23000 册	
国际书号	ISBN 978-7-101-15743-7	
定 价	49. 00 元	

编者的话

经典常读常新，一代有一代的思想，一代有一代的解读。"中华经典通识"系列丛书，邀请当今造诣精深的中青年学者，为读者朋友们讲授通识课。希望通过一本"小书"，轻松简明地讲透一部中华传统经典。

本系列丛书由复旦大学陈引驰教授主编，每本书的作者都是该领域的名家，他们既有深厚的学养，又长于深入浅出，融会贯通。每本书都选配了大量相关的图片，图文相生，能增强阅读的趣味性。

希望这套丛书，能成为人们了解中华传统文化的可靠津梁。

目　录

《资治通鉴》为什么不可不读

　　毛泽东说：中国有两部大书，一部是司马迁的《史记》，另一部是司马光的《资治通鉴》，都是有才气的人，在不得志的情况下撰写的。唯其有才，故能写出好书，值得阅读；唯其不得志，故能写出深刻的书，值得参悟。

　　司马迁纵横恣肆，直抒胸臆。《货殖列传》，阅尽人间百态；《刺客列传》，沉郁凄美，荡气回肠。《史记》不虚美，不隐恶，尽显真精神。

　　司马光厚德载物，忧国忧民。《资治通鉴》专取关国家兴衰、系生民休戚之史，力求警钟长鸣、读史明智，"善可为法，恶可为戒"，赤子之心淋漓尽致，士人的使命和责任跃然血脉间。

　　《资治通鉴》用二百九十四卷的篇幅，上接《左传》内

司马迁和司马光

毛泽东说："中国有两部大书，一部是司马迁的《史记》，另一部是司马光的《资治通鉴》。"司马迁《史记》纵横恣肆，直抒胸臆，力图"究天人之际，通古今之变，成一家之言"；司马光《资治通鉴》厚德载物，忧国忧民，"明乎得失之迹，存王道之正，垂鉴戒于后世"。

容，下迄赵宋，记载了战国至五代 1362 年的历史（若加上倒叙则超过 1400 年），涵盖了"二十四史"中十九部正史的内容。其内容之深厚、史实之丰满，是任何图书、典籍所不能比的。

历代政要学人都异口同声地肯定和重视《资治通鉴》。

宋元之际著名学者胡三省曾为《资治通鉴》作注，他说："为人君而不知《通鉴》，则欲治而不知自治之源，恶乱而不知防乱之术；为人臣而不知《通鉴》，则上无以事君，下无以治民；为人子而不知《通鉴》，则谋身必至于辱先，作事不足以垂后。"

康熙、乾隆都曾御批《资治通鉴》。清代史家王鸣盛《十七史商榷》褒扬《资治通鉴》为"天地间必不可无之书，亦学者必不可不读之书"。曾国藩认为"先哲经世之书，莫善于司马文正公《资治通鉴》"；"其论古皆折衷至当，开拓心胸"；"能穷物之理，执圣之权"。

梁启超在《新史学》中评价说："司马温公（司马光封温国公）《通鉴》，亦天地一大文也。其结构之宏伟，其取材之丰赡，使后世有欲著通史者，势不能不据为蓝本，而至今卒未有能逾之者焉。温公亦伟人哉！"陈寅恪《唐代政治史述论稿》初版自序云："夫吾国旧史多属于政治史类，而《资治通鉴》一书，尤为空前杰作。"

1954年，毛泽东在与历史学家吴晗谈话时说：《资治通鉴》这部书写得好。叙事有章法，历代兴衰治乱，本末毕具，读这部书，可以熟悉历史事件，从中吸取经验教训。

为什么这些"过来人"都肯定《资治通鉴》的阅读价值呢？因为一部好的历史学著作，不仅有史料价值，尤其应该有史鉴价值；不仅提供历史记载，还要启迪历史智慧。《资治通鉴》的价值大体可以总结为如下三点：

首先，至今没有一部通史著作能够把从战国到北宋建立之前这 1360 多年的历史叙述得如此清晰、详赡。各种后续改编本，各有长短，都无法取代《资治通鉴》原本的味道；今日之新编章节体通史，不管篇幅如何庞大，也无法取代《资治通鉴》的内容。

其次，《资治通鉴》浸透了作者为官为学的阅历与经验。主编个人有学识与独断能力，编纂团队专业高效，这两个方面的长处结合在一起编写成的史学著作，是一般官修正史体制所不能比拟的，也是后世以个人之力无法完成的，比如郑樵、马端临。《资治通鉴》的编修纳入了国家支持的"重大项目"，又有主编高度自主的个人意志，还有团队的合作精神，前后耗时 19 年之久。这些要素组合在一起编修出来的史书，可以说是空前绝后，从而保证了该书的高水平、高质量。

再次，《资治通鉴》的编纂宗旨是提供历史借鉴，诚如胡三省所言，修身、治国、为官、处世，道理都在其中。有智慧，有操守，有权变，有理想。即使编纂者不无局限，但是书中所提供的详实而经过专业考订之后的历史记载，努力做到了准确可靠，从而达到了史才（叙事之才）、史学（博采众书）、史识（非凡见解）、史德（道术合一）相统一的境界；史事与智慧相统一的境界，也是经与史合一的境界。

胡三省就《资治通鉴》对"经""史"关系有一段评论：

世之论者率曰："经以载道，史以记事，史与经不可同日语也。"夫道无不在，散于事为之间，因事之得失成败，可以知道之万世亡弊，史可少欤！……乃如用兵行师，创法立制，而不知迹古人之所以得，鉴古人之所以失，则求胜而败，图利而害，此必然者也。

胡三省的这段话，不仅仅是辩白经史之轻重，而且在阐明"道"（道理、原则）与"术"（操作技巧）之间的关系。

曾国藩说，《资治通鉴》不仅能够"穷物之理"，而且还能"执圣之权"。这也是一种很老到的有实际政治经验人的心得之谈。诸如改革中的刚性与柔性，人生职场上的进与退，政治军事斗争中的奇与正，权力平衡中的轻与重，驾驭部属中的宽与严，政治生涯中的方与圆，都不是"纸上谈兵"可以领悟的。在史以载道的同时，不乏权变与谋略，也是《资治通鉴》值得细品的原因所在。比如，刘秀之兄刘縯意欲效法高祖刘邦"豁然大度，不事家人产业"，却成为东施效颦，遭人暗算。学而不得其法，就是因为不通权变。

总之，《资治通鉴》是国学苑里的一朵奇葩，蕴含着先人们丰富的治国理政得失和社会人生经验。秦汉、隋唐这两段大一统的辉煌，战国、魏晋南北朝和五代十国这三段分裂混乱的历史曲折，司马光悉数记述，井井有条。我们今天要阅读战国至五代这一段中国历史，至今找不到可以取代《资治通鉴》的书。梁启超当年的感慨，今天依然令人有同感。

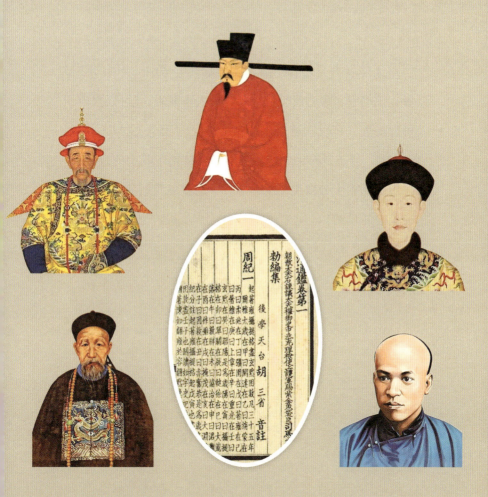

司马光编撰的《资治通鉴》受到宋神宗的褒扬，认为其"明乎得失之迹，存王道之正"，可"垂鉴戒于后世"。宋元之际著名学者胡三省从为君、为臣、为子的角度评价《资治通鉴》的价值说："为人君而不知《通鉴》，则欲治而不知自治之源，恶乱而不知防乱之术；为人臣而不知《通鉴》，则上无以事君，下无以治民；为人子而不知《通鉴》，则谋身必至于辱先，作事不足以垂后。"这一言论激励了后世历代的帝王、政治家和大学者。

　　大学者王夫之有一部《读通鉴论》，分上、中、下三册，该书卷末说：观历代兴衰，识人事臧否，"可以自淑，可以诲人，可以知道而乐"。提升自己（自淑），与人分享（诲人），与圣贤对话，与经典对话，体悟了其中的智慧与思想而感到十分愉悦（知道而乐），这就是我们品读《资治通鉴》的目的！

司马光，字君实，宋真宗天禧三年十月十八日（公元1019 年 11 月 17 日）出生于光州光山县（今河南省光山县），祖籍是陕州夏县（今山西省运城市夏县）涑水乡，世称涑水先生。他因为编纂了《资治通鉴》（以下或简称《通鉴》）而成就了一世英名。

1. 初心

中国历史典籍浩如烟海，《资治通鉴》是其中的标志性著作，它不仅是编年体史著的代表作，而且是首屈一指的传统政治教科书。全书共二百九十四卷，三百余万字，记载从战国到北宋建国前 1362 年的历史，内容涉及政治、军事、经济、文化等方面。

一般而言，史书的价值有二：一是作为史料，一是作为史著。作为历史材料，《资治通鉴》的隋唐五代部分，增加了许多新资料，具有不可替代的史源、史料价值；作为史学著作，《资治通鉴》具有不可替代的阅读、鉴赏价值。《资治通鉴》的唐五代部分，编撰在新、旧《唐书》和新、旧《五代史》之后，作者在正史之外，引用的各种史料三百多种。战国秦汉、魏晋南北朝部分，在资料取舍上，也不乏专业眼光下的甄别和严谨的考订。

与一般的史学著作不同，《资治通鉴》不仅被学者推崇，而且被历代帝王和政治人物所奉扬。

最早给《通鉴》作注的宋元之间的学者胡三省说："为人君而不知《通鉴》，则欲治而不知自治之源，恶乱而不知防乱之术；为人臣而不知《通鉴》，则上无以事君，下无以治民；为人子而不知《通鉴》，则谋身必至于辱先，作事不足以垂后。"（《新注资治通鉴序》）

曾国藩曾评价说："窃以先哲经世之书，莫善于司马

司马光独乐园之读书堂

明代画家仇英根据司马光《独乐园记》绘制长卷《独乐园图》，本图为局部图。《独乐园记》云："平日多处堂中读书，上师圣人，下友群贤，窥仁义之原，探礼乐之绪"，"志倦体疲，则投竿取鱼，执衽采药，决渠灌花"，"明月时至，清风自来，行无所牵，止无所枑"，"踽踽焉，洋洋焉，不知天壤之间复有何乐可以代此也。因合而命之曰独乐园"。

文正公《资治通鉴》，其论古皆折衷至当，开拓心胸。如因三家分晋而论名分，因曹魏移祚而论风俗，因蜀汉而论正闰，因樊、英而论名实，皆能穷物之理，执圣之权；又好叙兵事所以得失之由，脉络分明；又好详名公巨卿所以兴家败家之故，使士大夫怵然知戒。实六经以外不刊之典也。"（《曾国藩全集·书信·加罗忠祐片》）

从司马光受命编纂《资治通鉴》以及所设定的流程

可以看出，他的雄心有两个：一是编纂一部给君王提供借鉴的政治教科书，二是编纂一部详实可信的中国通史。后面一点可以从"通志"这个最初的朴实书名中看出来。四库馆臣评价说，《资治通鉴》一书，网罗宏富，体大思精。假如司马光编纂《资治通鉴》的目标停留在"资治"这一点上，他完全没有必要写这么大的篇幅，也未必要那么繁琐的考证。

陈垣先生说，《通鉴》书法，不尽关褒贬，除了"臣光曰"抒发胸襟，"余则据事直书，使人随其实地之异而评其得失，以为鉴戒"。（陈垣《〈通鉴〉胡注表微》卷二《书法篇》）笔者在阅读《资治通鉴》的过程中，也有陈垣先生相同的感觉，即司马光本人的思想旨趣是一回事，司马光记载的历史事件本身透露的思想观点又是另外一回事。这是两个既有联系又有重大区别的问题。正是"资治"与"学术"这两个既有交织又有张力的诉求，构成了司马光编纂《资治通鉴》的初衷。

司马光有着十分丰富的从政经历，从地方到中央，从南国到北陲，从馆阁、谏净之职，到主持地方政务之任，

司马光

面临过很多复杂的政治、军事和社会问题。司马光又是一个有深厚学术修养的史学家，他在从政之暇，写作过很多历史评论文章，《司马光集》卷七十、卷七十一就收录了十七篇。《四豪论》论战国四大公子与《资治通鉴》战国部分的论述基调一致，《才德论》与《资治通鉴》卷一开篇对于智伯的评论类似。司马光不仅希望"致君尧舜上，再使风俗淳"，而且有很深的历史癖，他甚至认为自己凡事皆不如人，"独于前史，粗尝尽心，自幼至老，嗜之不厌"。司马光自己说过："臣今所述，止欲叙国家之兴衰，著生民之休戚，使观者自择其善恶得失，以为劝戒，非若《春秋》立褒贬之法，拨乱世反诸正也。"（《资治通鉴》卷六十九）

总之，司马光当初发心编纂《通志》的时候，后来得到英宗的支持设置史局编书的时候，再后来获新即位的神宗眷顾赐名《资治通鉴》继续编纂的时候，司马光编书的思路、宗旨，一直受到"资治"和"学术"这两条线索的支撑。我们阅读《资治通鉴》，也要明白作者的这样两种写作旨趣。

2. 家世

关于司马光的家世和生平，苏轼（1037—1101）撰写的《司马温公行状》（以下简称《行状》）是第一手资料；历高、孝、光、宁四朝，约略与朱熹同时的南宋史学家王偁所撰《司马光传》，及《宋史》卷三百三十六《司马光传》，代表了南宋及元朝史家对司马光的记述与评价。

根据苏轼的《司马温公行状》《司马温公神道碑》等资料的记载，司马光祖父炫（生卒年不详），北宋初年进士及第，仕宋试秘书省校书郎、知耀州富平县事（今陕西省富平县）。父亲司马池（980—1041），字和中，宋真宗景德二年（1005）进士及第，做过几任地方官吏。天禧三年（1019）调郑州防御判官、知光山县。先后任职知谏院、侍御史知杂事。后者相当于御史台的第三把手，主持台内日常工作。进而出任户部、度支、盐铁三司使副使（财政部门副职），最后官至兵部郎中、授天章阁待制。可见司马池已经跻身高级文官行列，号为"名臣"。晚年先后在同

夏县司马温公祠

州（治今陕西省大荔县）、杭州、晋州（治今山西省临汾县）任知州。

他们这一支是西晋安平献王司马孚（180—272）之后裔。司马孚是司马懿（179—251）之弟，在《资治通鉴》里，编撰者的这位开宗之祖，始终以曹魏忠臣的面目出现。北魏时，先祖司马阳（生卒年不详）曾任东征大将军，死后葬于陕州夏县涑水乡，司马家族的一支从此就在这里繁衍。隋唐以后家道中落，高祖司马林、曾祖司马政以上数代，都不曾仕宦；至司马炫、司马池、司马光父祖三代，皆为进士出身。由于司马光位极人臣，家族中数代人都因为他而获得封赠，那个时候就叫作光宗耀祖。

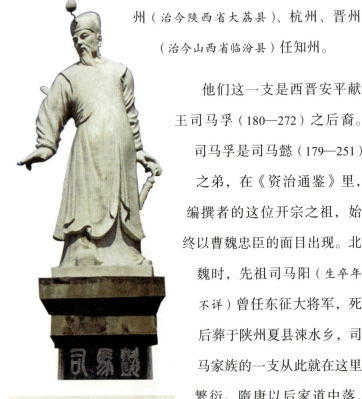

司马懿雕像

司马光的先祖司马阳是司马懿之弟司马孚的后裔。

3. 仕宦

司马光幼承庭训，青少年时代随着在河南、陕西、山西各地为官的父亲生活。六岁开始读书识字，生性颖悟，记忆力强，对于理解历史有天赋。整个青少年时代，他都是"学霸"级优等生，发愤读书，圆木警枕。《宋史》本传说他"于物澹然无所好，于学无所不通"。仁宗景祐五年（1038），年甫二十，考中进士甲科，从此步入仕途。

司马光仕宦四十余年，可以分为五个阶段。

第一个阶段是初入官场，连遭丁忧，蛰伏守孝（1038—1045）。

他最初任华州（今陕西省渭南市华州区）判官，宝元二年（1039）为了与在杭州做官的父亲距离更近，获准调任苏州判官。但是，由于母亲、父亲相继在是年和两年后去世，司马光丁忧去职，并未能去苏州莅任。仁宗赵祯庆历三年（1043）冬，司马光丁忧期满，投奔在延州（今陕西省

"司马光砸缸"

《宋史》卷三百三十六《司马光传》在突出司马光幼时聪颖过人后，记载了"砸缸"的故事："光生七岁，凛然如成人，闻讲《左氏春秋》，爱之，退为家人讲，即了其大指。自是手不释书，至不知饥渴寒暑。群儿戏于庭，一儿登瓮，足跌没水中，众皆弃去，光持石击瓮破之，水迸，儿得活。其后京、洛间画以为图。"可见，"司马光砸缸"的故事在当时就在开封、洛阳等地传为佳话，并已经有图传颂了。

延安市）做官的庞籍（988—1063）。庞籍是司马光之父司马池的好友，亲自为司马池撰写墓志。其后不久，司马光再度出仕，签书武成军（今河南省滑县）判官，次年知韦城县（今河南省滑县东南）事。

司马光在滑州任上，有一件趣事。有同僚与营妓在某僧舍偷偷约会时，司马光故意去惊扰，搞得营妓逾墙而逃。司马光戏谑赠诗一首："年去年来来去忙，暂偷闲卧老僧床。惊回一觉游仙梦，又逐流莺过短墙。"（丁传靖《宋人轶事汇编》卷十一）司马光搅了人家的好事，却并没有张扬挤对，而是善意地为之保密，显示了他为人厚道的一面。

第二阶段，由于恩人庞籍提携，入京任职（1046—1054）。

庆历六年（1046），司马光被征召到朝廷任大理评事、国子直讲，寻改大理丞。从此直到1054年离开开封，他在首都任职前后有八年。此间，庞籍历任枢密副使、参知

庞籍像

庞籍，字醇之，单州成武（今山东省菏泽市成武县）人。大中祥符八年（1015）进士及第，累官至大理寺丞、殿中侍御史、枢密副使、枢密使、太子太保等，封颍国公。庞籍与韩琦、范仲淹等正直名臣交好，身居宰辅，提携后进司马光、狄青等，富有才干并能识人、用人。

但文学作品中，多将庞籍对号入座成大奸臣"庞太师"，如1985年内蒙古人民出版社出版的连环画《包公上疏》第一集《庞籍贺寿》，就是把庞籍等同于"庞太师"。民间文学中的人物形象是艺术加工的结果，并不是历史人物的本貌。通过庞籍现象，再次提醒读者诸君，切勿以文学为历史。

政事、枢密使、同中书门下平章事等要职。庞籍作为司马池故交，一直很欣赏晚辈司马光的才华，此时推荐他召试馆阁校勘，同知太常礼院；迁殿中丞，史馆检讨，修日历，改集贤校书等职。司马光历任的这些馆职选拔很严，是北宋士人仕途生涯中令人羡慕的清要之选。

司马光仕途的第三个阶段，是到地方历练，这也与庞籍有关（1054—1057）。

仁宗至和元年（1054），庞籍从首席宰相（同中书门下平章事）职位上退下，出知郓州，再迁并州，皆辟司马光通判州事。在并州通判任上，司马光提出对咄咄逼人的西夏采取强硬措施：经济上断绝互市，军事上修筑城堡。可是，因为有边将肇事，轻率出兵进击，结果被西夏打败。司马光勇于担当，而庞籍也将此事责任揽归自己。最后庞籍作为边帅承担了首责。这次强硬边防政策的失利，也许对司马光后来在对外关系上偏向保守的态度，有一定影响。

司马光仕途的第四个阶段，是已近不惑之年后再次到中央任职（1057—1063）[①]。

他先任太常博士，祠部员外郎、直秘阁，判吏部南曹；再迁开封府推官，赐五品服。此后，在首都地区工作了多年，特别是兼任天章阁侍讲后，有机会直接接触皇帝。再迁起居舍人，同知谏院，在谏院工作长达五年之久。

司马光的仕宦生涯，从地方到中央，经历了仁宗、英宗、神宗、哲宗四朝。其两段中央任职，一是馆职，一是谏职。馆职是检讨文史，增益学问，对于酷爱读书的司马光来说，是如鱼得水，这期间他写了不少读史笔记；谏职是对军国大政向国君提出不同意见，范仲淹曾任谏职，其《灵乌赋》有"宁鸣而死，不默而生"之句。北宋谏职素来咄咄逼人，司马光担任谏官长达五年，对于许多军国大事，都提出过自己的犀利看法。

11世纪前半叶，既是北宋王朝鼎盛时期，也是政治上的多事之秋。仁宗赵祯无有子嗣，景祐二年（1035），

[①]（清）顾栋高《司马太师温国文正公年谱》考证司马光于1057年夏六月已离并州，直言马峦《司马温公年谱》和《长编》俱误。（清）陈宏谋《宋司马文正公光年谱》也作嘉祐二年（1057）。

抱养了年仅四岁的濮王赵允让之子，即后来的英宗赵曙（1032—1067）。四年之后由于苗妃（苗妃是仁宗乳母许氏之女）为仁宗生了儿子赵昕，这是苗妃的第二胎（头胎为长女福康公主），赵曙又被送出宫回到生父身边。这是1039年，赵曙八岁，处在懂事又不全懂事的年龄。送入宫又送出宫，他心中的憋屈，可以想见。

庆历三年（1043），五岁的皇子赵昕夭折。这时仁宗年仅三十三岁，虽说膝下无子，但难保哪一位妃嫔还会生出儿子来。这样赵曙入宫的事就给搁下了。直到至和三年（1056），仁宗身体健康出了问题，是年三月改元嘉祐，就有祈福的意思。谏官范镇（1007—1088）首发其议，建议早立子嗣。范镇是司马光终生的忘年密友，两人的政治见解相契，时任并州通判的司马光也三次上疏，论及早立太子。及任谏职，司马光更是当面向仁宗提出其事。嘉祐七年（1062）八月初四，赵曙被立为太子。半年后，仁宗崩驾，赵曙方才继位。这一次政治上的正确行动，对于司马光后来的仕途生涯有积极作用。

自英宗朝，司马光进入了仕途的第五个阶段（1063—1086）。

弄水轩

种竹斋

采药圃

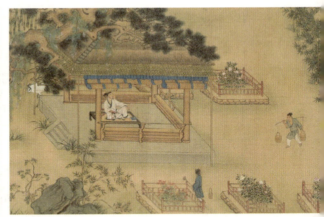

浇花亭

明仇英《独乐园图》根据司马光的《独乐园记》立意，依次描绘了弄水轩、读书堂、钓鱼庵、种竹斋、采药圃、浇花亭、见山堂等景致，体现了司马光读书休闲的理想生活。

1063 年庞籍去世，司马光继续担任谏职，并升任龙图阁直学士①。但是，英宗对于司马光的谏言大多听而不纳。治平二年（1065），司马光力辞谏职获准，开始在家编纂《通志》（即《资治通鉴》前名）。1067 年初，神宗赵顼（1048—1085）即位，他被任命为翰林学士，充侍讲学士。神宗启用王安石变法，司马光持反对立场，主动要求到洛阳去专职修史，长达十五年之久。

1085 年四月，司马光年逾六十六岁，宋神宗崩驾，年幼的哲宗即位，太皇太后高氏（1032—1094）垂帘听政，立即召回司马光主持朝政。直到次年十月去世，葬于山西夏县城北十五公里处的鸣冈。主持朝政的这一年半时间，算是司马光仕途上的高光时刻。他对于王安石变法持完全否定的态度，史称"元祐更化"。到了哲宗亲政的绍圣年间（1094—1097），司马光受到已经变味了的改革派的清算。南渡之后，他才又受到朝野尊扬，《资治通鉴》也愈益受到重视。

---

① 龙图阁取"龙马负图"之意，是为收纳太宗翰墨御集而建，后逐渐发展为国家图书、档案文书的收藏之所。天章阁除了收藏皇家文物图书之外，还是皇帝与宰相议政之所。此外，接续唐朝的传统，北宋以昭文馆与集贤院、史馆为三馆，分掌藏书、校书与修史。

二 编纂与创新

　　编写《资治通鉴》这样的杰出史学著作，需要史学、史才、史识、史德。司马光学富五车，尤其具有历史癖。孩童时代，听人讲《左传》，就很入迷，流连忘返，得其要旨而退为家人讲述大略，从此手不释卷。根据合作者刘恕（1032—1078）《通鉴外纪》的《自序》说，司马光在仁宗嘉祐末年就有编纂战国至五代历史的初衷：

　　嘉祐中，公尝谓恕曰：春秋之后迄今千余年，《史记》至《五代史》一千五百卷，诸生历年莫能竟其篇第，毕世不暇举其大略，厌烦趋易，行将泯绝。予欲托始于周威烈王命韩魏赵为诸侯，下讫五代，因丘明编年之体，仿荀悦简要之文，网罗众说，成一家书。

　　司马光对刘恕说这番话的时候，可能已经动手写作。但是，这么大的一部书却不是私家独力可以完成，必须寻求朝廷的支持。

为此，司马光做了许多必要的前期工作。他曾经编写《历年图》（书已佚）一书，"上自周威烈王二十三年（前403），下尽周世宗显德六年（959），略举每年大事，编次为图，年为一行，六十行为一重，五重为一卷，凡一千三百六十二年，共成五卷"。显然，这部《历年图》其实就是日后司马光编纂《资治通鉴》的大纲。司马光还奉神宗旨意编写了《国朝百官公卿表》，记载建隆元年（960）至治平四年（1067）百余年的当代史。此外，他接着又编写了二十卷的《稽古录》，上自伏羲，下至周威烈王二十二年（前404）。这部书虽然是元祐初奏上，但是撰著显然是在他为宰相之前。可以这样推测，司马光在编纂《资治通鉴》之前或撰修过程中，已经另有一部个人撰写的上自伏羲下至神宗即位的简明中国通史。这使他在主编《资治通鉴》时，能够高屋建瓴地把握全局。

在编写这套"简明中国通史"的同时，司马光已经开始了《通志》的写作。英宗治平三年（1066），司马光

早稻田大学藏《司马文公稽古录》

献上自己写作的八卷本《通志》。《通志》记载了周威烈
王二十三年（前403）至秦二世而亡的历史。其中，《周
纪》五卷、《秦纪》三卷，与现在的《资治通鉴》分卷一
致。这应该就是《通鉴》最初的稿子。这八卷内容，当是
在《历年图》中的战国和秦朝这部分提纲的基础上增补完
成的（参见聂崇岐《资治通鉴和胡注》）。司马光把《通志》
献给英宗皇帝，得到赞赏。英宗感念司马光对于自己被立
为皇嗣的支持，虽然政治上不用司马光，但满足了司马光

编纂历史书的愿望。英宗下诏设置修史局于崇文院，编写《历代君臣事迹》一书。司马光牵头负责，挑选参修人员，官府负责拨给经费，出借馆阁藏书。皇帝想让司马光把精力放在编修《资治通鉴》上，而司马光心中也一直有一个接续《春秋左传》编撰编年体通史的梦想。作为政治家的司马光没有得到皇帝的赞赏，作为史学家的司马光却得到了皇帝的重视。

治平四年（1067）初，英宗驾崩，神宗即位，继续支持司马光的编纂工作。神宗在阅读了司马光的部分初稿后，赞赏不已，以其鉴于往事，有资于治道，特赐名《资治通鉴》，并把自己为端王时府中数千卷藏书也赐给书局，供编修时使用。神宗还提前写了《序》文，当面交给司马光。这也是对司马光的一种鼓励和安抚。

大体说来，从英宗治平三年（1066）四月，到神宗熙宁三年（1070）九月，司马光在朝主持编纂工作，完成了汉魏时期七十卷，加上此前自家修撰的周秦八卷，共七十八卷。此后迁居外地担任闲职期间进行编纂工作[①]，皆以书局自随，至元丰七年（1084）十二月结束，完成晋至隋唐五代二百十六卷。

1. 流程：编写团队都有谁

司马光的修史班子，除了他这位主编之外，还有刘恕（1032—1078）、刘攽（1023—1089）、范祖禹（1041—1098）以及司马康（1050—1090）等助手。这些人在对北宋时政的看法上，与司马光高度一致。

参修三主力

刘恕，字道原，筠州高安（今江西省高安市）人。其父刘涣是欧阳修同科进士。他自幼博学多才，皇祐元年（1049）进士及第。在和川县令任上，被司马光选入纂修

---

① 司马光从熙宁三年九月到次年四月以端明殿学士知永兴军（治今陕西西安），约半年左右，改任西京（今洛阳市）御史台，从此他大多数时间都在洛阳担任闲职，专心修史。

班子，任著作佐郎。刘恕熟悉历史编纂学，著有《通鉴外纪》，据说司马光多与其商议编著体例。可惜英年早逝，去世时官至秘书丞。其子刘羲仲有《通鉴答问》。刘恕与其父、其子三人号称"三刘"。

刘攽，字贡父，临江新喻（今江西省樟树市）人。祖父是南唐时进士，父亲叔伯四人皆进士及第。刘攽与兄刘敞同登仁宗庆历六年（1046）进士，可以说是进士世家。其父学问渊博，刘攽、刘敞兄弟复为少年才俊，父子三人亦有"三刘"之称。刘攽本人是汉史专家，著有《东汉刊误》，他兄弟二人与刘敞之子世奉合作著有《汉书标注》。死后家里除了藏书外，没有余财，号为"墨庄"，一时传为佳话。

范祖禹，字淳甫，一字梦得，成都华阳（治今四川省成都市双流区）人。与叔祖范镇（1007—1088）、子范冲（1067—1141）号称史学"三范"。幼孤，养于叔祖父范镇，仁宗嘉祐进士，在洛阳追随司马光修《资治通鉴》十五年，负责唐史部分，历秘书正字、著作佐郎、右谏议大夫、侍讲学士，著有《唐鉴》十二卷。晚年因得罪权臣章悼而外放，哲宗元符元年（1098）死于贬所化州（*今广东省化州市*）。

流程及分工

当时的工作程序是先立"丛目"，再汇集长编，最后由司马光编辑定稿。

在确立"丛目"时，估计司马光的《历年图》起到了指引的作用。《丛目》与《历年图》的纲要性质不同在于，"丛目"是带有史料出处性质的资料汇编。那么，一千余年事件、人物纷杂交汇的资料汇编，该如何呈现纵向编年与横向人物事件之间的关系呢？司马光对此做了详细的说明，比如范祖禹编纂唐史部分的《丛目》，司马光指示说：

> 梦得今来所作《丛目》，方是将《实录》事目标出，其《实录》中事应移在前后者，必已注于逐事下讫。

司马光在文中解释说，假如《实录》贞观二十三年李靖薨，这时才附上李靖传；如果李靖传中涉及"自锁上变"一事，要注在义宁元年李渊起兵之时；破萧铣事，当注在武德四年灭铣时；斩辅公祏，须注在武德七年平江东时；擒颉利，则注在贞观四年破突厥时。司马光嘱咐一切仿此例进行。

如果像《旧唐书》这样没有附注的，怎么做《长编》呢？司马光说，那就根据其他资料补足，按时间详细列在相应条目下：

> 请且将新旧《唐书》纪、志、传及《统纪补录》并诸家传记小说，以至诸人文集稍干时事者，皆须依年月注所出篇卷于逐事之下。《实录》所无者，亦须依年月日添附。无日者附于其月之下，称"是月"；无月者附于其年之下，称"是岁"；无年者附于其事之首尾。（《司马光集·补遗》卷九，《答范梦得书》）

可见，正如"丛目"二字所示，一是对史料进行丛编汇集，二是让史料更加清晰有目。

　　在《丛目》的指引下，助手们广泛搜集资料，汇集为《长编》。助手们的具体分工是：刘攽负责汉魏三国部分，刘恕负责晋南北朝隋代部分，范祖禹负责唐代部分，五代部分则由刘恕等负责。① 司马光的公子司马康担任部分校勘和协助工作。参加校勘的还有黄庭坚等。

　　长编与定稿之间，还有一个对史实的歧异记载进行考订的程序。司马光删削长编，编撰定稿过程中，将史料考订的成果编为《考异》三十卷。

　　关于定稿，司马光在给宋敏求（1019—1079）的信中这样说：

　　　　某自到洛以来，专以修《资治通鉴》为事，于今八

---

① 关于《资治通鉴长编》初稿的分工问题，司马光《答范梦得书》（《司马光集·补遗》卷九）与晁说之《送王性之序》（《景迂生集》卷十七）有冲突，自清季以来，即有不同看法。此处对于诸家有分歧的部分，主要依据上引《答范梦得书》，并综合了诸家意见。刘恕最早入局，其间曾一度离开洛阳，后来《资治通鉴》没有完全定稿就去世了。但是，除了南北朝隋代部分外，五代史的《长编》当出自其手。也许最后入局的范祖禹也参与了五代《长编》部分的编纂。参见姜鹏《资治通鉴长编分修再探》，载《复旦学报》2006年第1期，第10—15页。

年，仅了得晋、宋、齐、梁、陈、隋六代以来奏御。唐文字尤多，托范梦得将诸书依年月日编次为草卷，每四丈截为一卷。自课三日删一卷，有事故妨废则追补。自前秋始删，至今已二百余卷，至大历末年耳。向后卷数又须倍此。共计不减六七百卷，更须三年方可粗成编。又须细删，所存不过数十卷而已。（《司马光集·补遗》卷九，《与宋次道书》）

从司马光写的这封信中，我们可以看出，丛目、长编到司马光定稿，乃是一个非常艰苦的过程，不仅是数百卷删减成数十卷，取舍之间还有判断、撮要、改写的过程。

司马光之所以与宋敏求谈及此事，是因为宋敏求的著作是《资治通鉴》唐代部分的重要史源。宋敏求编著有《唐大诏令集》《长安志》《春明退朝录》，特别是补修了唐末六帝实录，即唐武宗、宣宗、懿宗、僖宗、昭宗、哀宗实录共一百四十八卷，号为《续唐录》。宋敏求还是《新唐书》编修者之一。宋敏求与司马光同年，情好意合，他的工作无疑对于司马光编纂《资治通鉴》具有重要价值。

司马光

司马光像

《资治通鉴》成书于元丰七年（1084）岁末，正文二百九十四卷，《目录》三十卷，《考异》三十卷，总共三百五十四卷。司马光在《进书表》中说："臣今骸骨癯瘁，目视昏近，齿牙无几，神识衰耗，目前所为，旋踵遗忘，臣之精力，尽于此书。"

《资治通鉴》成书于元丰七年（1084）岁末，正文二百九十四卷，《目录》三十卷，《考异》三十卷，总共三百五十四卷。司马光在《进书表》中说："臣今骸骨癯瘁，目视昏近，齿牙无几，神识衰耗，目前所为，旋踵遗忘，臣之精力，尽于此书。"（见今本《资治通鉴》末附录）

2. 断代：为什么从"三家分晋"写起

《资治通鉴》的纪年始于周威烈王二十三年（前403）三家分晋。开篇第一句话是："初命晋大夫魏斯、赵籍、韩虔为诸侯。"看起来非常轻松平常，但是一部巨著的开头一定是深思熟虑过的。那么，斟酌取舍之后，为什么司马光以"三家分晋"这件事作开头呢？这就涉及取舍问题。

在内容取舍方面，有研究者指出《资治通鉴》有五点：《春秋》之意，《左传》之法，儒家之宗旨，本朝之背景，著者之特见。（张煦侯《通鉴学》）所谓《春秋》之意，是指司马光作《通鉴》继承了孔子修《春秋》的宗旨，最重名分。确实，司马光在上面这一句之后，写了一千多字的"臣光曰"。他认为周天子自坏规矩，承认三家瓜分晋国，而且还任命为诸侯。天下的名分秩序坏了，这个时代也就结束了。

当然，名分在整个古代社会都非常重要，北宋亦然。但是，这段评论与其说是他选择三家分晋为开篇的理由，还不如说是司马光要为《资治通鉴》寻找一个开篇的根据。

同修助手刘恕与司马光有一段关于从哪里写起的对话。

刘恕问：为什么不书写上古事？

司马光说：周平王之后，事包《春秋》，孔子之经不可损益。

刘恕又问：为什么不从获麟（《春秋》止笔于此）记起？

司马光说：《经》不可续也。

可见，司马光从三家分晋写起，有他的考虑。这种考虑重点是要避开改写儒经、接续儒经的轻狂。为此，司马光需要找到他另起炉灶的理由，这个理由就是名分的丢失，礼崩乐坏，导致战国以后礼仪秩序每况愈下。实际上，这一点也确实抓到了战国历史的核心。

3. 写法：编年史的继承与创新

纪年问题

《资治通鉴》是编年体，编年体按照年代编纂史实，首先要解决的是纪年问题。《资治通鉴》的纪年方式比较特别，以开首为例：

卷第一《周纪一》，起著雍摄提格（戊寅），尽玄黓困敦（壬子），凡三十五年。

《资治通鉴》一共分二百九十四卷，卷一至卷五是周代历史，谓之"周纪"，从《周纪一》到《周纪五》。其后的

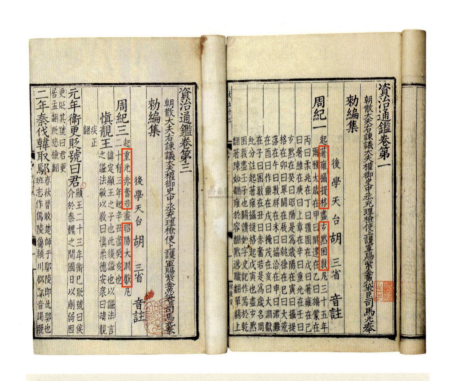

右

资治通鉴卷第三

勅编集

朝散大夫右諫議大夫權御史中丞理檢使上護軍賜紫金魚袋司馬光奉

後學天台胡三省音註

周紀三 起重光赤奮若盡昭陽大淵獻凡
三年

慎靚王 諱定顯王之子也諡法敬以
之謚法敬以數日慎柔德安衆曰靚

元年衞更貶號曰君
居更聯其號曰君更
二年秦代韓取鄔
更班志作傅陵潁川郡鄔音謁郢

資治通鑑卷第一

勅编集

朝散大夫右諫議大夫權御史中丞理檢使上護軍賜紫金魚袋司馬光奉

後學天台胡三省音註

周紀一 起著雍攝提格盡玄黓困敦凡
三十五年

著雍攝提格 太歲在戊曰著雍在寅曰攝提格
玄黓困敦 太歲在壬曰玄黓在子曰困敦

《资治通鉴》纪年方式

《资治通鉴》的纪年方式采用《尔雅·释天》中天干、地支的雅称。如《周纪一》"著雍摄提格"为戊寅，"玄黓困敦"为壬子。

"起著雍摄提格（戊寅），尽玄黓困敦（壬子），凡三十五年"中的"起""尽"是记事起始与终止之意。至于"著雍摄提格""玄黓困敦"，则是一种取自《尔雅·释天》的干支纪年方式。

《尔雅·释天》中甲乙至壬癸等十天干、寅卯至子丑等十二地支，都各有雅称：

大岁在甲曰阏逢，在乙曰旃蒙，在丙曰柔兆，在丁曰强圉，在戊曰著雍，在己曰屠维，在庚曰上章，在辛曰重光，在壬曰玄黓，在癸曰昭阳。岁阳。

大岁在寅曰摄提格，在卯曰单阏，在辰曰执徐，在巳曰大荒落，在午曰敦牂，在未曰协洽，在申曰涒滩，在酉曰作噩，在戌曰阉茂，在亥曰大渊献，在子曰困敦，在丑曰赤奋若。载，岁也。夏曰岁，商曰祀，周曰年，唐虞曰载。岁名。

可见，司马光采用了这个比较古雅的方式纪年，著雍摄提格就是著雍（戊）、摄提格（寅），玄黓困敦就是玄黓

（壬）、困敦（子），从戊寅年到壬子年，共三十五年。

不同的史源被搜集来之后，按照年、月、日编排出顺序：日期不清的附于其月之末，称"是月"；月份不明的附记于其年之末，称"是年"；无年可纪者附于其事之首尾。

当然，由于篇幅过大，时间很长，《资治通鉴》的年月日记载也有一些讹误。吴玉贵《〈资治通鉴〉疑年录》考证出《汉纪》以下 888 条错误，分"误讹""误衍""误夺""失次""窜乱""违例"等类别，具有参考价值。

正统问题

《资治通鉴》要处理的另外一个问题，就是分裂时代何为正统的问题。司马光贯彻了"一统"和"务实"的书写原则。

所谓"一统"，就是只有一个正统，一个中央政府，同时，也考虑前后王朝的接续顺序：

战国部分以周天子纪年；

前256年东周灭亡，次年开始则以秦纪年，因为其后即为秦朝；

前206年十月，刘邦入咸阳，秦朝灭亡，此后刘项争天下，则以汉纪年；

三国时期以魏纪年，因曹魏接续东汉立国；

五胡十六国以晋纪年；

南北朝时期以接续东晋的南朝纪年，直到公元589年隋朝统一，即使581年隋朝已经立国，也仍以南朝陈为纪；

隋、唐各以立国纪；

五代时期，以中原梁、唐、晋、汉、周纪年。

比较后来的若干编年史著作，《资治通鉴》的纪年最理性客观。朱熹《资治通鉴纲目》三国部分以刘备为正统，这种纪年方式反映了南宋朝廷对于刘备继承东汉在成

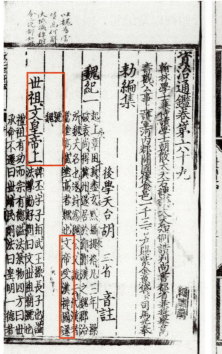

司马光《资治通鉴》与朱熹《资治通鉴纲目》正统纪年对比

《资治通鉴》因曹魏接续东汉立国，故三国时期以魏纪年；朱熹《资治通鉴纲目》三国部分以刘备为正统。

都建立政权，有一份"同情之了解"。清朝人编纂的《纲鉴易知录》，与《通鉴》以华夏政权的南朝为正统不同，在南北朝部分改以干支纪年，反映了清朝史家不愿意委于北方少数民族建立的政权的考量。

对编年体的创新

刘知幾论史学体裁以纪传与编年为"二体"。《春秋左氏传》奠定了编年体的基础。凡编年体史书，年经月纬，自古而然。不独《左传》《资治通鉴》为然。司马光的继承与创新，重点体现在如下几点。

一是纪年中的正闰问题。司马光坚持两大原则，一是统一王朝为正，二是传承统一王朝的后续王朝为正。比如，周、秦、汉、晋、隋、唐为正。接续这些大一统王朝的分裂王朝，例如东晋南朝、五代，都为正，而同时存在的分裂王朝则为闰。

二是记事中的割裂问题。编年记事最大的问题是，某件事分散在数年，某一年又有许多值得记载的事，这样一件事隔越数年，读起来断断续续；同一年，有许多并不相干的事，记起来鸡零狗碎。还有的事件在其起始阶段并不重要，却是后来重大历史事件中的一环。

司马光会采取如下一些方式来处理。

（1）用"初"倒叙一段前因往事

如卷二《周纪二》周显王三十六年（前333）："初，洛阳人苏秦说秦王以兼天下之术，秦王不用其言。"这一句就是倒叙，目的是引出其下事件："苏秦乃去，说燕文公……"①

再如，卷十九《汉纪十一》武帝元朔五年（前124）六月："初，淮南王安好读书属文，喜立名誉，招致宾客方术之士数千人。其群臣、宾客，多江淮间轻薄士，常以厉王迁死感激安。"

又如卷三十一《汉纪二十三》成帝阳朔三年（前22）："秋，王凤疾，天子数自临问。"问到接班人，王凤

---

① 《资治通鉴》记苏秦事迹本于《史记·苏秦列传》等传世资料，上世纪七十年代出土的《战国纵横家书》关于苏秦、张仪事迹的记载有所不同，此处且不论。

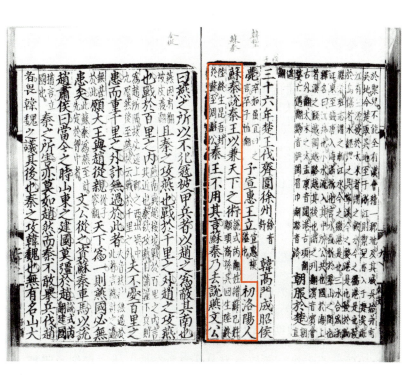

《资治通鉴》用"初"倒叙一段前因往事

越过平阿侯王谭而力荐御史大夫王音。"天子然之。初，谭倨，不肯事凤，而音敬凤，卑恭如子，故凤荐之。八月，丁巳，凤薨。九月，甲子，以王音为大司马、车骑将军。"

这种追述的叙事方式来自《左传》。如《左传·隐公元年》："初，郑武公娶于申，曰武姜，生庄公及共叔段。"此句及以下关于庄公寤生、姜氏进谗等都属于倒叙。这一系列倒叙都是为当年五月郑庄公在鄢打败共叔段服务的。

如上所举的这些因果关系相对简单。对于一些复杂而重大的因果关系，司马光笔力雄健，有更复杂的处理。

例如，魏明帝曹睿死后无子，以八岁养子齐王曹芳托孤，不十年，政权就为司马家所夺取。为了详细说明魏晋更替这一重大历史事件的背景，司马光从卷七十三《魏纪五》明帝青龙三年（235）四月开始，记载了"帝好土功""帝耽于内宠"以及一系列穷奢极侈的昏庸行为，继而在景初元年（237）也连续记载了魏明帝移长安钟簴又不听大臣谏阻等荒唐行为。司马光之所以长篇大论、不厌其详，为的是让读者在阅读之后，对于魏明帝的昏庸不明，有极其深刻的印象，从而对朝代更迭的原因有更深切的认识。

（2）因某事件的终结来综述其原委

卷七十四《魏纪六》景初二年（238）十二月甲申，"以曹爽为大将军"。在这件记事之前，有很长的一段文字，以"初"起领，记刘放、孙资自太祖曹操以来，历经文帝、明帝，专典机密之事，记二人受到许多朝臣嫌弃之事。这样的处理，就把编年史的弱点和纪传体的优点统一了起来，使得我们在阅读《资治通鉴》的时候，觉得记事不仅年月清晰，而且头尾分明。

司马光的史评

《左传》《史记》会在事件结束或者传记结尾处，用"君子曰""太史公曰"表达。《资治通鉴》援用此例作评论。《资治通鉴》全书中评论文字有218篇，其中引用前人评论99篇，其余119篇是司马光所写"臣光

及内史恬、恬曰：自吾先人及至子孫積功信於秦三
世矣。三世皆事秦，今臣將兵三十餘萬，身雖囚
繫，其勢足以倍畔，然自知必死而守義者，不敢
辱先人之教，以不忘先帝也。乃吞藥自殺。揚子
曰：或問蒙恬忠而被誅，忠奚可為也。曰：塹山堙谷，起
臨洮，擊遼水，力不足而屍有餘，忠不足相也。

臣光曰：始皇方毒天下而蒙恬為之使，恬不仁可知
矣。然恬明於為人臣之義，雖無罪見誅，能守死不貳，
斯亦足稱也。

二世皇帝上

定城邑
軍項燕

二十四年王翦蒙武虜楚王負芻，以其地置楚郡，至
二十五年大興兵，使王賁攻遼東，虜燕王喜。燕至

臣光曰：燕丹不勝一朝之忿，以犯虎狼之秦，
輕慮淺謀，挑怨速禍，使召公之廟不祀忽諸，然而
論者或謂之賢，豈不過哉。夫為國家者，
任官以才，立政以禮，懷民以仁，交鄰以信，是故庸得

"臣光曰"舉例

曰"。《周纪》五卷有 5 条"臣光曰",《秦纪》三卷有
3 条"臣光曰"。少数评论是涉及总体看法,如论名分、
论才德那两条。多数"臣光曰"只是编写者就史事发出
的一般评点,但是,评点之中,又力图点出某些经验与
教训来。

比如,卷七《秦纪二》记燕丹派荆轲刺秦王一事,司
马光评论说:"燕丹不胜一朝之忿以犯虎狼之秦,轻虑浅
谋,挑怨速祸,使召公之庙不祀忽诸(胡注:忽诸,言忽然
而亡也),罪孰大焉!而论者或谓之贤,岂不过哉!"

再如《秦纪二》记蒙恬之死,先引扬雄《法言》:"或
问:'蒙恬忠而被诛,忠奚可为也?'曰:'堑山、堙谷,
起临洮,击辽水,力不足而尸有余,忠不足相也。'"认为
蒙恬为君王做了许多伤天害理之事,这种"忠"是不值得
肯定的,接下来司马光的"臣光曰"说:"始皇方毒天下
而蒙恬为之使,恬不仁可知矣。然恬明于为人臣之义,虽
无罪见诛,能守死不贰,斯亦足称也。"显然在司马光看
来,蒙恬虽然不仁,按照秦始皇的命令滥杀无辜,但他却
深明为人臣的大义;虽然无罪被诛,但仍然对秦始皇没有

二心，他的"忠"是值得称道的。于此可见，司马光与扬雄对蒙恬评价的区别所在。

4. 取舍:《资治通鉴》的材料从哪里来

讨论《资治通鉴》的史源，主要有两个问题：一是司马光的史料搜集范围，二是司马光的取舍原则。前者是加法，后者是减法。

从史料搜集范围而言，根据最新统计，司马光《考异》中提到的书籍达到355种。(参见李全德《〈资治通鉴〉史话》)这并不是全部的参考书目，只是在需要考辨记载差异的时候才提及的书籍而已。

就传世的资料而言，司马光不可能全部采纳，有一个"删削冗长，举撮机要"的工作。比如，三家分晋这一段，关于赵简子立无恤(《史记》作"毋恤")为嗣的问题，《史记》卷四十三《赵世家》提到赵鞅考验诸子，寻找常山所藏宝符事：

姑布子卿见简子，简子遍召诸子相之。子卿曰："无为将军者。"简子曰："赵氏其灭乎？"子卿曰："吾尝见一子于路，殆君之子也。"简子召子毋恤。毋恤至，则子卿起曰："此真将军矣！"简子曰："此其母贱，翟婢也，奚道贵哉？"子卿曰："天所授，虽贱必贵。"自是之后，简子尽召诸子与语，毋恤最贤。简子乃告诸子曰："吾藏宝符于常山上，先得者赏。"诸子驰之常山上，求，无所得。毋恤还，曰："已得符矣。"简子曰："奏之。"毋恤曰："从常山上临代，代可取也。"简子于是知毋恤果贤，乃废太子伯鲁，而以毋恤为太子。

此事《资治通鉴》不取。《资治通鉴》卷一记述的是赵简子以训诫之词书于竹简，考验伯鲁和无恤：

赵简子之子，长曰伯鲁，幼曰无恤。将置后，不知所立。乃书训戒之辞于二简，以授二子曰："谨识之。"三年而问之，伯鲁不能举其辞；求其简，已失之矣。问无恤，诵其辞甚习；求其简，出诸袖中而奏之。于是简子以无恤为贤，立以为后。

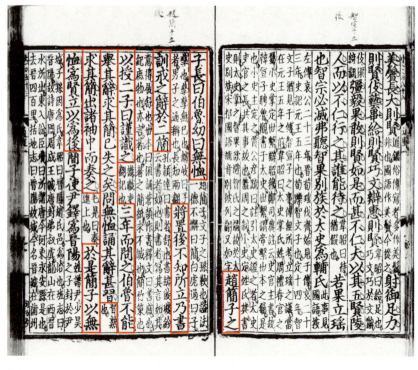

美鬢長大則賢

射御足力則賢

伎藝畢給則賢

巧文辯惠則賢

彊毅果敢則賢，如是而甚不仁

夫以其五賢陵人，而以不仁行之，其誰能待之

若果立瑤也，智宗必滅

弗聽

智果別族於太史為輔氏

趙簡子之

子，長曰伯魯，幼曰無恤

將置後，不知所立，乃書訓戒之辭於二簡

以授二子曰：謹識之

三年而問之，伯魯不能舉其辭，求其簡，已失之矣。問無恤，誦其辭甚習

求其簡，出諸袖中而奏之

於是簡子以無恤為賢，立以為後

《资治通鉴》中对赵简子选嗣的记载

此事在《史记》《国语》《战国策》中不记，显然是司马光扩大史源的结果。取还是不取，取决于司马光的价值判断，或者说他最想传达的信息。常山宝符一事显示的是赵无恤聪明过人，有军事眼光。训诫之词一事说明的是赵无恤的谦谨过人，处事持重。

《资治通鉴》重点记述有关治国理政、修齐治平的历史经验与教训，重点关注政治与军事以及经济事件，纯粹的文人辞藻一般不取，李白、杜甫亦不入眼帘。相反，陆贽《陆宣公奏议》、李绛《李相国论事集》则大段记述，甚至《邺侯家传》对于神秘人物李泌的记载也不忍割舍，杜牧《战论》《守论》《罪言》更是整段抄录。所有这些取舍，都体现了司马光经世致用的史学诉求。（参见顾炎武《日知录》卷二十《通鉴不载文人》）

有些材料的取舍，则出于其他原因。比如《资治通鉴》不载屈原事迹的问题，南宋以来就有学者进行针砭和讨论（参见姜鹏《稽古至治：司马光与〈资治通鉴〉》）。笔者认为，由于前八卷是司马光在成立修史班子之前撰写的稿子，并不像后来有丛目、长编、考异、定稿这一套复杂的程序。《资治通鉴》前八卷近两百年记事，只有 5 条无关痛痒的考异文字。但是从卷九开始，仅高帝朝十二年记事中就有 10 条考异，比重明显增多。这不仅是因为史料的复杂性增加，而且与集体分工模式、编纂程序有关。屈原的事迹应该出现在第三卷的位置，而有关事件在《史记》的《楚世家》和《屈原列传》并不一致，司马光很可能从史料的一致性出发，作了简化处理。因为前八卷是司马光当初呈送给英宗看后得到充分肯定的稿子，所以成立编修班子后，无须、也不便重新修订了。

有学者在研究《资治通鉴》卷六十七至卷九十三有关汉赵国史时，究其史源，与正史及《太平御览》等类书相关部分对勘，发现《通鉴》资料虽有误植现象，但是，《通鉴》独有而《晋书》等他史未见之史料中，也不乏证实《晋书》错误，而《通鉴》书写正确的事例（陈勇《〈资治通鉴〉汉赵国事迹考证》）。而这些独有的史料，有可能是当时尚存而今已散佚的史源，十分珍贵。

还有学者对《通鉴》唐代部分的史源进行了专题研究

（熊展钊《〈资治通鉴·唐纪〉史源研究》）。《通鉴·唐纪》多达八十一卷，考异三十卷中，涉及《唐纪》的有十九卷。原因在于对宋人来说，唐代历史最近，史料最多，需要考辨的文献也多。司马光对于唐代实录史料最为重视，于两《唐书》的记载，并不特别偏袒《新唐书》。

三 学术与政治

1.《资治通鉴》编纂与政治意图

熙宁三年（1070）九月司马光离开朝廷之前，担任翰林学士兼侍读学士等职，在此期间，司马光还要到迩英阁侍讲，内容就包括讲读《资治通鉴》。司马光在讲读过程中，针砭当代变法事件，试图影响当朝皇帝的政治观点。

如，《迩英留对录》载熙宁二年（1069）十一月庚辰，神宗御迩英阁读《资治通鉴》至汉曹参代萧何为相国事，曰："曹参以无事镇海内外，得持盈守成之道，故孝惠、高后之时，天下晏然，衣食滋殖。"神宗说："使汉常守萧何之法，久而不变，可乎？"司马光回答说："岂独汉也！夫道者，万事无弊。夏、商、周之子孙，苟能常守

禹、汤、文、武之法，何衰乱之有乎？（《司马光集·补遗卷四·迩英读〈资治通鉴〉录》)

又，司马光读至张释之论啬夫利口，说："孔子称'恶利口之覆邦家'。利口何至覆邦家？盖其人能以是为非，以非为是，以贤为不肖，以不肖为贤。人主苟以非为是，以是为非，以贤为不肖，以不肖为贤，邦家之覆，诚不难矣。"时吕惠卿在坐，司马光所论，专指惠卿。（《司马光集·补遗卷四·迩英论利口录》)

再如，《迩英留对录》及《续资治通鉴长编》中均载，熙宁三年，司马光读《资治通鉴》至贾山上疏言秦始皇居绝灭之中而不自知，因言从谏之美、拒谏之祸。

上曰："舜聖谗说殄行。若台谏欺罔为谗，安得不出！"

光曰："进读及之耳，时事臣不敢论也。"

及退，上留光，谓曰："吕公著言藩镇欲兴晋阳之甲，岂非谗说殄行也？"

光曰："公著平居与侪辈言，犹三思而发，何故上前轻发乃尔？外人多疑其不然。"

……

上曰:"今天下汹汹者,孙叔敖所谓'国之有是,众之所恶也'。"

光曰:"然。陛下当审察其是非。今条例司所为,独安石、韩绛、吕惠卿以为是也,天下皆以为非也。陛下岂独与三人共为天下耶?"

虽然司马光在与神宗的讲读中,一再以古喻今,试图影响时政,但总体看来,神宗并没有受到司马光的影响。

那么,司马光会不会把自己的政治主张投射到编纂的《资治通鉴》中去呢?

张煦侯《通鉴学》曾根据《资治通鉴》每卷题衔判断成书时间:

西汉部分三十一卷,乃翰林学士时所上;东汉二十九卷,乃翰林学士兼侍读学士时所上,当在 1067 年初,此时宋神宗重用王安石的变法活动还没开始。因此,《资治通鉴·汉纪》部分不存在针对王安石变法而掺入主观意志的问题。

《魏纪》十卷题衔为翰林学士兼侍读学士，应该是熙宁三年（1070）九月出知永兴军之前所进。其编纂时期也恰好是司马光在朝廷与王安石同事期间，即双方发生激烈冲突的时候。这种情绪在上述讲授《资治通鉴》过程中也可以察知。然而我们并未从《魏纪》中发现司马光有牵强附会，攻击变法的事例。

《资治通鉴》的编纂之所以比较客观，不仅仅可以从司马光本人的道德文章来判断，还因为司马光没有这个压力与需求。一般后代为前朝修撰正史，难免有拉抬本朝、贬低前朝的政治动机，但是，司马光的这部通史不存在这样的需求。同时，除了前八卷之外，《资治通鉴》汉唐及五代部分的史料搜集功夫，即《长编》的编纂都来自写作团队，司马光只是在他们搜集的史料基础上进行整理、剪裁、加工。《考异》三十卷，记录作者史料取舍的理由。因此，我们对于《资治通鉴》记载的客观真实性是无可怀疑的。换句话说，即使司马光有自己的政治态度，但是，扭曲史料和事实来为自己的政治立场服务，不仅违背司马光的史学良知，也因为编纂程序限制，很难上下其手。这是我们读《资治通鉴》应有的认知。

2. 司马光的政见与历史书写

当然，司马光编纂的《资治通鉴》是历代帝王的政治教科书，因此，治国理政、修齐治平是司马光记述的重点。这一点首先体现在他数以百计的"臣光曰"上。在司马光想对史实直接发表看法的时候，他会用"臣光曰"直抒胸臆，有时也会引《史记》《汉书》或者其他人的评论。比如卷一对于三家分晋之事的评论，"臣光曰"强调名分的重要性；对于智伯覆亡的评论，"臣光曰"引一段才德论；卷二就孟尝君养士一事，提出批评，认为养士应该是为民，至于鸡鸣狗盗之辈，不值得提倡。虽然在政见上，司马光和王安石有很大的分歧，但在对孟尝君养士这个问题的看法上，他们的态度是一致的，王安石也认为鸡鸣狗盗之辈，何足以成事哉！

那么，司马光的政见是怎样的呢？我们不妨选几个历史事件来分析。

其一，《资治通鉴》卷二记载了孟轲见魏惠王言义与利之事。魏惠王说：老人家，您不远千里而来，亦有以利吾国乎？孟子回答："王何必曰利，仁义而已矣！"如果君臣士庶都追求利益，"上下交征利而国危矣"。相反，如果以仁义为先，"未有仁而遗其亲者也，未有义而后其君者也"。

孟子是子思的学生。求学时孟子问老师："牧民之道何先？"子思回答："先利之。"孟子不解地问："君子所以教民者，亦仁义而已矣，何必利！"子思解释说："仁义固所以利之也，上不仁则下不得其所，上不义则下乐为诈也，此为不利大矣。故《易》曰：'利者，义之和也。'又曰：'利用安身，以崇德也。'此皆利之大者也。"子思是兼重事功与德性的人，他所代表的儒家在非常情况下甚至认为"大德不逾闲，小德出入可也"，即与道

子思和孟子

孟子是子思的学生。孟子主张仁义为先，而子思则认为与道德小瑕疵相比，建立利国利民的事功更重要，也就是"大德不逾闲，小德出入可也"。司马光认为"子思、孟子之言，一也"。

德小瑕疵相比，建立利国利民的事功更重要（参见张国刚《治术：周秦汉唐的经世之道》）。此处子思之意，说的是牧民要以富民为先，之所以强调人君要行仁义，目的也是富民，使百姓获得利益。

"臣光曰"对此的评论是："子思、孟子之言，一也。夫唯仁者为知仁义之为利，不仁者不知也。故孟子对梁王直以仁义而不及利者，所与言之人异故也。"司马光的解释认为仁义就是最有利的。这种观点是平庸的，没有抓住孔子、子思等人重视德性，更重视富民、利民的思想本质。但是，司马光这种德性主义优先的思想，是北宋占主导地位的思想。

　　其二，《资治通鉴》卷一百二十有一段关于皇子教育问题的评论。东晋南朝皇子教育都是大问题，即以刘宋为例，武帝登基三年后去世，太子刘义符继位。武帝曾经对这位太子不满，想改立次子刘义真，因为次子性格刚劲，大臣徐羡之等人都不看好才作罢。但少帝刘义符行为乖张，后来被徐羡之、谢晦等废黜杀害，迎荆州刺史、宜都王刘义隆（407—453）为帝，是为宋文帝。《资治通鉴》没有谴责诸人的弑君行为，却引南朝著名史学家裴子野（469—530）的一段评论，大谈皇子教育：

　　古者人君养子，能言而师授之辞，能行而傅相之礼。宋之教诲，雅异于斯，居中则任仆妾，处外则近趋走。太子、皇子，有帅，有侍，是二职者，皆台皂也。制其行止，授其法则，导达臧否，罔弗由之；言不及于礼义，识不达于今古，谨敕者能劝之以吝啬，狂愚者或诱之以凶愿。虽有师傅，多以耆艾大夫为之；虽有友及文学，多以膏粱年少为之；具位而已，亦弗与游。幼王临州，长史行事；宣传教命，又有典签；往往专恣，窃弄威权，是以本枝虽茂而端良甚寡。嗣君冲幼，世继奸回，虽恶物丑类，天然自出，然习则生常，其流远矣。降及太宗（明帝刘彧），举天下而弃之，亦昵比之为也。呜呼！有国有家，其鉴之矣！

裴子野首先指出了皇家幼儿家庭教育的重要性，并对于刘宋皇子教育提出了严厉的批评："居中则任仆妾，处外则近趋走。"对于将要担任大任的皇子们来说，如果身边都是趋炎附势之徒、唯唯诺诺之辈，不能以正确的行为准则教导他们，"言不及于礼义，识不达于今古"，一定不能接好班。很小的年龄，就让他们担任都督、刺史，实际上秘书主持政事，典签批阅公文，窃威弄权，败坏行政。"嗣君冲幼，世继奸回"，一代一代地下去，葬送了刘宋的江山。他大声疾呼："呜呼！有国有家，其鉴之矣！"把宋朝皇子教育不当的责任直接指向开国皇帝刘裕。

北宋很注重皇帝的经筵，也注重为太子延聘饱学之士做帝师。仁宗即位年幼，神宗的皇子们更年幼。司马光抚今追昔，自然感慨万千。司马光引裴子野的评论，而不自己书写评论，恐怕有政治上避嫌之意。司马光的政见，或多或少受到北宋政治风气的影响。

其三，关于唐太宗与贞观之治。司马光充分肯定唐太宗的文治武功，同时对于玄武门之变也有具体的记述。有一段"臣光曰"谈了他的看法：

臣光曰：立嫡以长，礼之正也。然高祖所以有天下，皆太宗之功；隐太子以庸劣居其右，地嫌势逼，必不相容。向使高祖有文王之明，隐太子有泰伯之贤，太宗有子臧之节，（胡注：文王舍伯邑考而立武王；泰伯让国于弟王季历；子臧辞曹国而不受。）则乱何自而生矣！既不能然，太宗始欲俟其先发，然后应之，如此，则事非获已，犹为愈也。既而为群下所迫，遂至蹀血禁门，推刃同气，贻讥千古，惜哉！夫创业垂统之君，子孙之所仪刑也，彼中、明、肃、代之传继，得非有所指拟以为口实乎！（胡注：明皇不称庙号而称帝号者，温公避本朝讳耳。中宗、肃宗之季，玄宗、代宗并以兵清内难而后继大统。）（《资治通鉴》卷一百九十一）

司马光此番评论，一方面维护了礼教"立嫡以长"的正统，同时又认为于大唐开国立有大功的李世民登基具有正当性，但他强调遗憾有二：一是李建成不懂得让贤，二是李世民不应该被群下所蛊惑，用血腥手段先动手，"推刃同气"，为后代做了个坏示范。很显然，司马光的观点是为李世民作为老二夺长兄之位洗白，这种态度，很难说没有顾及宋朝开国皇帝宋太祖与宋太宗兄弟"烛光斧影"这一现实政治的因素（参见牛致功《从司马光对唐朝几个问题的评论看〈资治通鉴〉的中心思想》）。

其四，太和六年，唐文宗与宰相讨论如何致天下太平，牛僧孺说"太平无象"，意思是现在就是天下太平。司马光发表评论，予以谴责：

唐高祖李渊与唐太宗李世民

立嫡还是立长，是困扰古代帝王的永恒难题。而这个问题对于唐高祖李渊来说，尤其是难上加难。不管后世如何推崇唐太宗李世民的神武英明，玄武门之变始终是他抹不去的"黑历史"，令论史者众说纷纭。对这个问题，司马光一方面维护"立嫡以长"的正统，同时又肯定于大唐开国立有大功的李世民登基具有正当性。

臣光曰：君明臣忠，上令下从，俊良在位，佞邪黜远，礼修乐举，刑清政平，奸宄消伏，兵革偃戢，诸侯顺附，四夷怀服，时和年丰，家给人足，此太平之象也。于斯之时，阉寺专权，胁君于内，弗能远也；藩镇阻兵，陵慢于外，弗能制也；士卒杀逐主帅，拒命自立，弗能诘也；军旅岁兴，赋敛日急，骨血纵横于原野，杼轴空竭于里闾，而僧孺谓之太平，不亦诬乎！当文宗求治之时，僧孺任居承弼，进则偷安取容以窃位，退则欺君诬世以盗名，罪孰大焉！（《资治通鉴》卷二百四十四）

是非显而易见，司马光批评牛僧孺尸位素餐，欺君诬世，罪大恶极。这种意见反映了司马光对于宋代政治清明的向往。

文宗时吐蕃大将悉怛谋以维州归降，这是西川节度使李德裕经营策反的结果，宰相牛僧孺却以与吐蕃媾和要诚信为由，说服文宗迫令李德裕交还吐蕃降将以及西山等处要塞。李德裕恨得咬牙，只能服从朝廷决定。唐武宗会昌三年（843）时李德裕为相，又言及此事，司马光发表"臣光曰"，于牛、李之间站在了牛僧孺的立场上，批评李德裕：

臣光曰：论者多疑维州之取舍，不能决牛、李之是非。臣以为昔荀吴围鼓，鼓人或请以城叛，吴弗许，曰："或以吾城叛，吾所甚恶也，人以城来，吾独何好焉！吾不可以欲城而迩奸。"使鼓人杀叛者而缮守备。是时唐新与吐蕃修好而纳其维州，以利言之，则维州大而信大；以害言之，则维州缓而关中急。然则为唐计者，宜何先乎？悉怛谋在唐则为向化，在吐蕃不免为叛臣，其受诛也又何

矜焉！且德裕所言者利也，僧孺所言者义也，匹夫徇利而
亡义犹耻之，况天子乎！譬如邻人有牛，逸而入于家，或
劝其兄归之，或劝其弟攘之。劝归者曰："攘之不义也，
且致讼。"劝攘者曰："彼尝攘吾羊矣，何义之拘！牛大畜
也，鬻之可以富家。"以是观之，牛、李之是非，端可见
矣。(《资治通鉴》卷二百四十七)

　　胡三省对司马光的立场提出了解释："元祐之初，弃
米脂等四寨以与西夏，盖当时国论大指如此。"此指米脂
(今陕西省米脂县)、葭芦(今陕西省佳县)、安疆(今甘肃省
华池县东)、浮图(今陕西省佳县城南)四寨之地，这些边
塞的攻取，都是变法派军事上的胜利。司马光在哲宗元祐
初主政，将这些地方归还给西夏，颇类似于将维州归还吐
蕃的情况。但是，这个时候，司马光的《资治通鉴》早已
封笔杀青。换言之，弃地于西夏之事在后，评论李德裕维
州事在前，不存在司马光为了迎合现实而曲笔的问题。但
是，这段评论却充分反映了司马光在北宋政治生活中的既
有立场。也就是说，在变法派夺取米脂四寨之时，他已经
是反对立场了。

　　提到司马光表述自身政见的方法，尤其需要指出的是，司马光通常不直接走到前台，而是委婉地讲解历史的智慧。他更多地是通过历史书写，让读者从中体悟。"臣光曰"绝大部分是涉及政治正确和礼仪教化之类的内容。毛泽东、曾国藩欣赏的"充满了辩证法"的内容，司马光是不轻易在明面上显露的，需要读者去琢磨。兹举一例。

　　五代后汉末年，汉隐帝屠杀朝廷托孤之臣，也包括枢密使郭威在开封的家小十几人。郭威本人其时在前线防御契丹，逃过一劫，乃举兵向阙。汉隐帝出逃，被乱兵所杀。郭威入洛，并没有擅自登基，尽管"百官之意"和"军人之意"都有了，却要议立新帝。而且在太师冯道率百官谒见郭威的时候，"威见，犹拜之，道受拜如平时"。此处司马光作《考异》引《五代史阙文》云：

　　周祖入京师，百官谒之。周祖见道犹设拜，意道便行推戴；道受拜如平时，徐曰："侍中此行不易！"周祖气沮，故禅代之谋稍缓。

司马光对这段记载不以为然，分析说：

> 按周祖举兵既克京城，所以不即为帝者，盖以汉之宗室崇在河东，信在许州，赟在徐州，若遽代汉，虑三镇举兵以兴复为辞，则中外必有响应者，故阳称辅立宗子。信素庸愚，不足畏忌；赟乃崇子，故迎赟而立之，使两镇息谋，俟其离徐已远，去京稍近，然后并信除之，则三镇去其二矣，然后自立，则所与为敌者唯崇而已。此其谋也，岂冯道受拜之所能沮乎！道之所以受拜如平时者，正欲示器宇凝重耳。（《资治通鉴》卷二百八十九）

胡三省对司马光的分析持赞赏态度。我们不能不佩服司马光在取舍材料时的慧眼。司马光的分析也解释了为什么郭威第一次入洛要推戴刘赟（河东节度使刘崇之子），待刘赟离开徐州节度使，郭威再度入洛却接受了黄袍加身的"推戴"。类似这样一些案例，需要读者诸君在阅读中，结合自己的经验去感悟。下面结合司马光其他一些论述，我们就《资治通鉴》蕴含的历史智慧，加以概括讨论。

阎立本《职贡图》局部

3.《资治通鉴》体现的历史智慧

　　读史使人明智，是因为历史上的成败得失，可以给我们做借鉴之用。司马光从"资治"的目的出发，"专取关国家兴衰，系生民休戚，善可为法，恶可为戒者，为编年一书"（《进资治通鉴表》）。通过有体系地讲述历史上的政治兴衰和军事得失，总结治国理政的经验和教训，以便为包括皇帝在内的读者，提供历史的借鉴。

　　司马光的《稽古录》卷十六把人君分成五种情况：一

种为创业之君，智勇冠群；第二为守成之君，中等才能，有良好的自我修为；第三为陵夷之君，中等才能，但不能自修；还有一种是中兴之君，才能过人且善自强；最后一种是乱亡之君，下愚而不可改移者。简单地说，司马光认为历史上的君王，可以划分为创业者、守成者、乱亡者；介于守成与乱亡之间的还有两种人，中衰者（陵夷之君）和中兴者。《资治通鉴》描写了众多帝王五种不同的众生相。

怎样才能成为一个优秀的领导人，担负起治国安邦的重任呢？司马光在宋神宗即位初写的一封上奏中，提出

"修心之要""治国之要"的问题（李焘《续资治通鉴长编》卷一）。下面结合《资治通鉴》展现的案例，进行讨论。

修心三要：仁、明、武

所谓修心，就是领导人素质和能力的修炼，司马光提出三个要点：一曰仁，二曰明，三曰武。"三者兼备则国治强，阙一焉则衰，阙二焉则危，三者无一焉则亡。"

那么，什么是"仁"呢？

《资治通鉴》开篇关于"三家分晋"背景的交代中，用倒叙法记述了公元前 453 年，赵、魏、韩三家联合起来消灭狂妄的智伯的故事，说智伯最大的不足就是"不仁"，并为此写了长篇的"臣光曰"，提出了选拔接班人"德重于才"的著名论断。

司马光在这里的所谓"德"，并不局限于个人道德，更偏重的是领导人的政治品德——"仁"。

什么是司马光理解的"仁"呢？如何才能做到"仁"

呢？在上面提到的那封给宋神宗的奏章中，司马光解释说："仁者，非姁煦姑息之谓也。修政治，兴教化，育万物，养百姓，此人君之仁也。"

司马光认为"仁"包括两个部分——"修政治，兴教化"是指领导者把握政治方向的能力，和用理想信念动员群众的能力；"育万物，养百姓"是指在国家建设中，做到经济与社会全面协调发展的能力，以及为黎民百姓谋幸福，让百姓看得见增长、感受得到实惠的能力。这是"大仁"，即人君之仁。这种仁政，给老百姓带来的不仅是物质财富的小康，还有礼乐文明的精神富足，从而把社会治理得和谐美好。西汉的文景之治、唐代的贞观之治，都是因为在这些方面有上乘的表现而彪炳史册。

在现实操作层面，"大仁"体现在各项政策和法令之中。例如刘邦入关中，约法三章，秋毫无犯，获得广泛的拥戴；项羽在咸阳屠杀无辜，火烧宫室，随后又放逐天下共主"义帝"，分封也充满了私利算计，结果失去了民心。

领导者要修炼的第二个功夫是"明"。

什么是"明"呢？是指领导的判断决策能力："知道义，识安危，别贤愚，辨是非，此人君之明也。"

"知道义，识安危"，是对发展战略的前瞻性把握，包括对事物性质属性的判断，危机和风险意识的管控。比如，刘邦在汉中，韩信提出著名的"汉中对"，制定出"明修栈道，暗渡陈仓"，即攻取关中，东向争霸天下的发展战略，成为刘邦建立汉朝江山的关键转折点；刘秀在河北，邓禹的"榻下对"，建议刘秀在河北收买人心、招纳人才，对更始政权的未来走向及其应对提出了卓越的预见；孙权即位江东之初，鲁肃的"江东对"对于如何处理东吴与北方政治势力的关系，提出了不凡的见解；刘备三顾茅庐，诸葛亮"隆中对"对于天下三分提出了高瞻远瞩的战略判断。总之，"明"的第一个方面就是指领导者集思广益的决策能力、判断能力。

"明"的第二个方面"别贤愚，辨是非"，是指对人才的识别能力、是非曲直的判断能力。智伯当初胁迫韩、魏攻打

虚心纳谏的唐太宗李世民

唐太宗李世民本来是一个彪悍勇武之人，可是他能够畏义好贤、屈己从谏，所以才有了贞观之治。他批评隋炀帝刚愎自用、拒谏饰非，提出君王要集思广益、采纳善言，并以实际行动成为了后世帝王的楷模。

赵氏时，智伯身边的谋士缔疵一再指出其所处的危险局面，提醒他防止韩、魏两家的背叛，而智伯都嗤之以鼻；唐玄宗重用李林甫、杨国忠，纵容安禄山，有多少人指出其中的危害和危险，玄宗都置之不理。智伯的覆亡、大唐的倾颓，无不与领导人刚愎自用、讳疾忌医的"失明"有关系。几乎所有的亡国之君，都能让我们总结出类似的教训。

领导者要修炼的第三项功夫是"武"。

什么是"武"呢？司马光说："所谓武者，非强亢暴戾之谓也。惟道所在，断之不疑，奸不能惑，佞不能移，此人君之武也。"这里的"武",不是粗暴蛮力,而是指领导者勇往无前的坚定信念,坚如磐石的战略定力,还包括抵御各种诱惑、欺骗的能力。总之,就是贯彻落实既定决策的能力。

唐太宗说:"人主惟有一心,而攻之者甚众。或以勇力,或以辩口,或以谄谀,或以奸诈,或以嗜欲,辐凑攻之,各求自售,以取宠禄。人主少懈,而受其一,则危亡随之,此其所以难也。"(《资治通鉴》卷一百九十六)领导者由于手中掌握权力和资源,各种巴结谄媚、讨好逢迎扑面而来,在为人处世时,是否能不为所动,把持住自己,坚守原则和底线,这需要"武"的品质。唐太宗的这段话,很容易让人联想到邹忌与齐威王的故事。

邹忌是齐威王的辅政之臣。有天上朝前,他问妻子:"我与城北的徐公比,哪个更英俊?"家住城北的徐公,是齐国出了名的大帅哥。妻子回答说:"当然是我家先生最帅气,徐公怎么能比呢!"邹忌虽然心里很得意,还是不自信地问侍奉自己的侍妾:"我与城北徐公,谁更英俊?"侍妾说:"您当然比徐公更帅啦!"次日邹忌接待一个来访的客人，也问了客人同样的问题，客人毫不犹豫地说："徐公不如您帅啊。"

不久，城北徐公来拜访邹忌，邹忌仔细地端详徐公，觉得自己实在比不上人家；揽镜自照，更觉得差远了。这天晚上，邹忌失眠了。他觉得自己真是好笑：妻子说我美，是对我有偏心；侍妾说我美，是对我有畏惧；客人说我美，是有求于我而讨好嘛！我怎么能当真呢？

第二天来到朝堂上，邹忌把自己的感悟与齐威王作了分享，意味深长地说："如今的齐国，疆域辽阔，方圆千里，城池多达一百二十座，您身边的侍姬、近臣，无不偏爱大王；朝廷里的大臣，无不惧怕大王；举国上下，无不有求于大王。由此看来，您一定是深受他们的蒙蔽，听不到真话了呀！"

治国理政，没有比领导人听不到真话更可怕的了！

治国三要：官人、信赏、必罚

那么，治国之要又是什么呢？司马光说："治国之要亦有三：一曰官人，二曰信赏，三曰必罚。"（李焘《续资治通鉴长编》卷一）如果说，仁、明、武是领导人的内在品质，那么，官人、信赏、必罚则是领导者的治理手段。这些治理手段的一个交集点就是"用人"。

司马光特别强调用人得失对国家和社会治理的重要性，认为用好人是人君治国的唯一办法。他说："何谓人君之道一？曰：用人是也。""昔周得微子而革商命，秦得由余而霸西戎，吴得伍员而克强楚，汉得陈平而诛项籍，魏得许攸而破袁绍。"（《资治通鉴》卷一百二）可见人才的向背决定国家的兴衰！

用人首先要知人，司马光把选拔人才放在突出的位置。他说："为治之要，莫先于用人，而知人之道，圣贤所难也。"圣贤选拔人才也很困难。比如，如果根据毁誉名声来选拔人才，就会出现竞相博取声名而善恶混淆的状况；如果根据考核档案上的政绩来选拔干部，则巧诈横生而真伪相冒。说到底，最根本的解决办法在于领导者"至公至明而已矣"。领导者只要出以公心，明察是非优劣，不以亲疏贵贱或个人喜怒好恶改变自己的判断，就一定能选拔到合适的人才。

"欲知治经之士，则视其记览博洽，讲论精通，斯为善治经矣；欲知治狱之士，则视其曲尽情伪，无所冤抑，斯为善治狱矣；欲知治财之士，则视其仓库盈实，百姓富给，斯为善治财矣；欲知治兵之士，则视其战胜攻取，敌人畏服，斯为善治兵矣。至于百官，莫不皆然。"（《资治通鉴》卷七十三）可见，司马光的人才选拔观点对于我们今天的领导人也是很有启发的。

《资治通鉴》记载了刘邦总结他打败项羽的原因，不是因为比项羽更强大，而是因为手下有一大批人才；项羽有一范增而不能用，所以导致了失败。

为什么强盛的秦朝和隋朝都二世而亡？《资治通鉴》的记载突出了这两个朝代在用人上所犯的严重错误。秦二世偏信赵高，"天下溃叛，不得闻也"；"隋炀帝偏信虞世基，而诸贼攻城剽邑，亦不得知也"。（《贞观政要》卷一《君道》第一）

《资治通鉴》同时强调用人要赏罚分明："夫有功不赏，有罪不诛，虽尧、舜不能为治，况他人乎！"（《资治

刘邦和项羽

刘邦起兵之初，一无家世，二无德行，却凭借强大的人格魅力赢得张良等一批有识之士的追随。整个楚汉战争，项羽都在自己打，他武艺高强、力大无穷，谁也打不过他；而刘邦自始至终却在下一盘棋，他最大的本事，在于会识人、用人，这是他成功的关键。

通鉴》卷一百四）又说用人的前提是要充分信任人："疑则勿任，任则勿疑。"（《资治通鉴》卷一百一十八）

　　贞观二十一年（647），唐太宗总结他为什么能成功时，提出了五条用人经验：一是用比自己强的高人；二是用有缺点的能人；三是用人之长，弃人之短，即所谓"使人如器"；四是重用敢讲真话的人；五是华夷一家，用人不讲出身，不搞小圈子。

刘备临终前说马谡不堪重用，诸葛亮派马谡守街亭，导致第一次北伐事业的重大挫折。马谡是参谋型人才，"南蛮之人，以攻心为上"，就是马谡的意见，诸葛亮采纳了，七擒孟获，平定了南中地区。但是，这次守街亭，诸葛亮却犯了用人不当的毛病。

行权立断，违经合道

曾国藩在给年轻人推荐《资治通鉴》的时候，提到该书能"穷物之理，执圣之权"的特点。这又如何理解呢？

东汉末年，大将军何进在袁绍的鼓动下，要诛杀全部宦官，遭到妹妹何太后的反对。何进接受袁绍的建议，暗中怂恿董卓等军阀进京来逼太后让步，尽诛宦官。对此，时为何进主簿的陈琳很不以为然，认为这样虽然表面上没有违背太后的懿旨，实际上却是用军阀来胁迫太后同意诛灭宦官——何必绕这么大的圈子呢？他说："但当速发雷霆，行权立断，违经合道，天人顺之。"（《三国志·王粲传》）《资治通鉴》写作"行权立断，则天人顺之"。陈琳的意思是你军权在握，先把宦官铲除了，然后再慢慢与太后解释。这是符合民心、符合天意（符合大道）的事情，为什么找外军入京胁迫太后呢？这不是自欺欺人吗？外兵入京，你能掌控这个局面吗？

这一段话，涉及中国古代政治智慧中的"守经"与"行权"的问题。这个问题的哲学基础，唐人赵蕤的《长短经》里从道家思想旨趣出发，进行了系统的讨论。其主要观点是说，世界上没有绝对的真理，没有永恒不变的治国理论和方针。王道、霸道、强国之政，都是为了构建一种治理秩序，因为时势的需要而采取不同的治理手段。不可以认为有一种永恒不变的治理模式或处事方式。如果片面地"守经"，很可能胶柱鼓瑟，犯了教条主义、本本主义的错误。

《资治通鉴》作为一部重点讨论政治史和军事史的史书，其中所蕴涵的领导智慧，绝不是不切实际的纸上谈兵。毛泽东称赞《通鉴》写战争神采飞扬，传神得很，充满了辩证法。用兵尚权，所谓充满了辩证法，就是不搞教条主义，在解决复杂问题时"行权立断"，有随机应

变的灵活和果断的决策能力，有驾驭复杂问题的谋略和
操作技巧。

例如刘备的军师庞统建议他入蜀，径取益州。刘备犹
豫地说，现在我全靠与曹操反向操作，才有立身之地，治
民理政，"操以急，吾以宽；操以暴，吾以仁；操以谲，
吾以忠。每与操反，事乃可成耳。今以小利而失信义于天
下，奈何？"庞统说：大乱之时，治民理政，"固非一道所
能定也"（《资治通鉴》卷六十六）。意思是，宽与急、刚与
柔，要变通运用。

变通，也就是"行权"，是《资治通鉴》的一种价
值观。不过这种价值观被司马光包装在儒家的"政治正
确"里面，是曾国藩独具智眼，看出来了，他说："窃
以先哲经世之书，莫善于司马文正公《资治通鉴》，其
论古皆折衷至当，开拓心胸……皆能穷物之理，执圣之
权；又好叙兵事所以得失之由，脉络分明。"（《曾国藩全
集·书信·加罗忠祐片》）就是说，我们读《资治通鉴》，
不光要读它"正"——大仁大义、社会责任的这一面，
还要读它"奇"的这一面。兵家讲的就是"用奇"。以

正治国、以奇用兵。

王夫之（1619—1692）《读通鉴论》是最全面的一部《资治通鉴》评论性著作，对于史实与史法都有精深的讨论。卷末的《叙论》谈到其撰写宗旨，也谈到对如何阅读《资治通鉴》的看法。如其中有一段文字云："旨深哉，司马氏之名是编也。曰'资治'者，非知治知乱而已也，所以为力行求治之资也。"也就是说，不光是知道历史的治乱兴衰，还有作为实践的指南作用。

但是，历史与现实毕竟是有区别的："夫治之所资，法之所著也。善于彼者，未必其善于此也。"关键是我们要用"心"（深思熟虑）去体察古今之时宜与事势。"以心驭政，则凡政皆可以宜民，莫匪治之资；而善取资者，变通以成乎可久。"

在这里，对古人的作为要有同情的了解，对古人的谋略要有换位思考的情怀："设身于古之时势，为己之所躬逢；研虑于古之谋为，为己之所身任。"把自己放在历史的场景中去学习历史的智慧，"取古人宗社之安危，代为

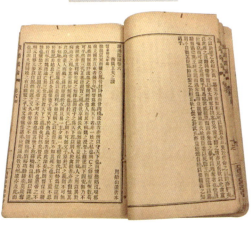

王夫之《读通鉴论》

之忧患，而己之去危以即安者在矣；取古昔民情之利病，代为之斟酌，而今之兴利以除害者在矣"。这样，古人的"得可资，失亦可资也"；古今之"同可资，异亦可资也"。

我们说历史是一面镜子，镜子挂在墙上，可以照见我们的衣冠颜容，"顾衣冠之整、瞻视之尊"，但是，如何整衣冠，如何尊瞻视，镜子本身是无能为力的，"鉴（镜子）岂能为功于我哉"！历史的经验只有通过我们内心的消化，"其得也，必思易其迹而何以亦得；其失也，必思就其偏而何以救失；乃可为治之资"（王夫之《读通鉴论》卷末）。

通过王夫之这番梳理，我们至少可以得出两点认识：第一，《资治通鉴》是一部记载历史上家国兴衰、治乱得失的书；第二，《资治通鉴》中的历史叙述，并不会提供直接的解决问题的方案，需要我们根据自己所处的时势、条件加以分析判断。由此看来，司马光的"臣光曰"只是他自己的一种分析判断，我们后人读《资治通鉴》不应该照搬司马光的判断。这是我们在阅读《资治通鉴》的时候需要明白的。

　　总之，《资治通鉴》的历史鉴戒功能，首先来自历史本身的特性。其次，则是司马光严谨治学所带来的信实记载。

　　如果说修心之要三——"仁、明、武"和治国之要三——"官人、信赏、必罚"，重点要求领导者修炼内圣外王的领导资质，那么，"穷物之理，执圣之权"，就是一种很深刻老到的实践型政治智慧，是有丰富实际政治经验者的心得之谈。诸如改革中的刚性与柔性，人生职场上的进与退，军事斗争中的奇与正，权力平衡中的轻与重，驾驭部属中的宽与严，政治生涯中的方与圆，都不是"纸上谈兵"可以领悟的。仰望星空，脚踏实地，《资治通鉴》在推崇大道的同时，不乏权变、谋略与辩证法的智慧，也是它值得细品的原因所在。

四 架构与内容

从纪年而论，《资治通鉴》的记载始自周威烈王二十三年，即公元前 403 年。但是开头史事的追述则始自三晋灭智伯事件，是为周定王十六年，即公元前 453 年。进一步言之，公元前 475 年，晋国的执政卿赵鞅（即赵简子）去世，智伯担任晋国正卿。而《资治通鉴》还述及赵鞅找嗣卿之事。也就是说，就记事时间而言，《资治通鉴》是可以接续《春秋左传》的。

《资治通鉴》所记载的时段，包含战国秦汉、魏晋南北朝、隋唐五代时期，这 1362 年的历史，是中华政治文明奠基并经历曲折后走向鼎盛的时代。

《资治通鉴》的先秦部分完整地记录了周秦之际的巨大变革，即从分封制走向郡县制的关键时期；虽然百家争鸣、商鞅变法不是《通鉴》记载的重点，但是它却完整地记载了这场波澜壮阔变革的政治背景和舞台。

秦汉时代奠定了中国文明的基本格局，包括中央集权的大一统政治结构，政府掌控下的商品经济发达的经济特色，以及儒法合流"霸王道杂之"的思想结构，都是在秦汉时期形成的。

魏晋南北朝是儒、释、道既融合又斗争的重要时期，也是民族融合与制度变革的重要阶段。隋唐五代则出现了东亚文化圈形成和发展的一个高潮，而汉唐间的文化与制度变革又为宋代以后的历史发展提供了重要条件。

总之，《资治通鉴》记载的这一段通史，诚如梁启超所言，是迄今没有任何一部史书所能超越的，从而构成了它不朽的价值。换句话说，要了解中华文明形成和发展的历史，要对这段历史获得一个详实而又可靠的总体认识，就必须深入阅读《资治通鉴》。

1. 周秦八卷：纵横捭阖·走向一统

司马光编纂《资治通鉴》之时，他自己首先试笔的八卷，即《周纪》五卷、《秦纪》三卷，本名《通志》，其取名当得自唐人杜佑的《通典》——杜佑的书重在"典"，即典章制度；而司马光的书重在"志"，即史事记述。

前八卷主要的大事从三家分晋开始，包括智伯的覆亡、吴起事迹。接着重点叙述秦国与六国势力的消长，这部分内容从秦孝公用商鞅变法、苏秦张仪合纵连横、秦并巴蜀，讲到张仪诳楚、赵武灵王换太子、范雎入秦，最后是将相和、长平之战，以及荆轲刺秦王前后、秦派兵逐一消灭六国等。这应该就是司马光送读的前八卷，后来成书修改不大。有人从作者结衔题记中看出其定稿在治平四年（1067）。

前八卷记载的内容颇多，在这里我们介绍令人印象深刻的魏文侯用儒、法两套手段治国的故事。

魏文侯（前472—前396）是魏国的创建者。三家分晋之后，魏国在魏文侯的领导下，成为第一个崛起的大国。

魏国崛起的原因是多方面的。就天时而言，当时的秦国还在沉睡，齐国国君大权旁落，楚国内乱不止，魏国四周无强敌。就地理优势而言，魏国横跨黄河南北，主要领地包括今日之山西南部、河南北部，以及河北和陕西的部分地区，都是当时经济文化最发达的中原区域。但最重要的还是"人和"因素——魏文侯、魏武侯父子二代国君，在开国之后数十年，积极有为，励精图治，讲信修睦，使魏国成为强盛一时的大国。我们就来讨论一下"人和"的事情。

先说外部的"人和"。

在外交政策上，魏文侯致力于三晋结盟，营造和平的环境。韩国曾前来借师伐赵，赵国也曾想借师伐韩，魏文侯采取和事老的态度。

韩借师于魏以伐赵。文侯曰："寡人与赵，兄弟也，不敢闻命。"赵借师于魏以伐韩，文侯应之亦然。二国皆怒而去。

开始韩、赵都不满于魏国。后来当知道魏文侯是想二家和平友好时，"皆朝于魏"。魏国促成了三晋的结盟，自己因此成为盟主，"诸侯莫能与之争"。

在内部的"人和"上，他首先是通过改革化解矛盾；同时注意识人、用人，儒法并用，不拘一格，调节好各方面的利益关系。

战国的改革自三晋始，三晋之中，魏文侯首用李克（一般认为李克即李悝）变法。李克（前455—前395）变法的宗旨是富国强兵，所谓"尽地力之教"就是国家鼓励垦田、激励农耕。他颁布的《法经》，"以为王者之政莫急于盗、贼"，即要有效保障百姓的生命权和财产权。《法经》曾被商鞅带到秦国，是商鞅改革的起点。《晋书·刑法志》说："秦汉旧律，其文起自魏文侯师李悝（克），悝（克）撰次诸国法，著《法经》。"又说："商君受之以相秦。"

李克出自儒家，又是法家的鼻祖。钱穆《先秦诸子系年·序》中说法家起源自儒家，是有一定道理的。儒家思想只要务实，用之于治国实践，就不能没有法制手段。汉代以后号称崇儒的政治家（唐太宗）、政论家（贾谊）莫不如此。而其源头则出自魏文侯的老师李克。

《史记》和《资治通鉴》都津津乐道李克的一则轶事。

有一天，魏文侯向李克请教国相的人选："先生总是告诉寡人，家贫思良妻，国乱思良相。魏成与翟璜这两位大臣，先生看哪一位更适合担任国相呢？"

李克没有说具体人选，只谈了谈自己对识人的看法："居视其所亲，富视其所与，达视其所举，穷视其所不为，贫视其所不取。"也就是说，要细致地观察他的行为：居常看他亲近谁，富贵看他结交谁，显赫看他保荐谁，困顿时看他何事不为，贫穷时看他何利不取！李克说，凭这五条您就足以确定国相人选了，何必征求我的意见呢！

魏文侯大喜，说：先生回去吧，我知道选任谁做国相了。

耳夫諸侯而驕人則失其國大夫而驕人則失其家貧賤者行

合言不用則去之楚越若脫屣然柰何其同之哉子擊不懌而去

西攻秦至鄭而還築雒陰合陽二十二年魏趙韓列爲諸侯二十

四年秦伐我至陽孤二十五年子擊生子罃○耕反擊音乙○索隱曰罃音乙庚反侯名秦嘗欲伐魏或曰

魏君賢人是禮國人稱仁上下和合未可圖也文侯由此得譽於

諸侯任西門豹守鄴而河內稱治○索隱曰大河在鄴魏故鄴爲河內也

李克曰先生嘗教寡人曰家貧則思良妻國亂則思良相今所置

非成則璜徐廣曰文侯弟名成二子何如李克對曰臣聞之卑不謀尊疏不

謀戚臣在闕門之外不敢當命文侯曰先生臨事勿讓李克曰君

不察故也居視其所親富視其所與達視其所舉窮視其所不爲

貧視其所不取五者足以定之矣何待克哉文侯曰先生就舍寡

《史记·魏世家》记载李克论人五法

外關疏遠也文侯曰先生臨事勿讓克曰君弗察故也居視其所親富視其所與達視其所舉窮視其所不為貧視其所不取五者足以定之矣何待克哉文侯曰先生就舍吾之相定矣李克出見翟璜翟璜曰今者聞君召先生而卜相果誰為之克曰魏成翟璜恣然作色曰西河守吳起臣所進也君內以鄴為憂臣進西門豹君欲伐中山臣進樂羊中山已拔無使守之臣進先生君之子無傅臣進屈侯鮒以耳目之所睹記臣何負於魏成李克曰子之言克於子之君者豈將比周以求大官哉此君問相於克克之對如是耳臣進先生君欲伐中山

《资治通鉴·周纪一》记载李克论人五法

李克的这一套识人术在春秋战国时代不乏类似表述，后代也流衍甚广。其核心思想一是行胜于言，二是人以群分。

李克刚出门，就碰到了翟璜。

翟璜笑眯眯地问：听说今天国君就选相一事征求您的意见，结果是谁啊？

李克说：我猜测国君会选择魏成。

翟璜唰地变了脸，愤愤不平地说：我哪一点比不上魏成？

魏成、翟璜的差别在哪里呢？

魏成把自己的绝大部分俸禄都用来搜罗人才，向国君推荐了卜子夏、段干木、田子方。这三个人都是大名鼎鼎的儒门高手。卜子夏是孔子的得意门生，在孔子最优秀的学生中，他以"文学"见长。有人甚至认为《论语》的编纂就出自子夏及其门人之手。子夏在魏国讲学授业，创立了一个"西河学派"，其中不乏经世英才。李克崇尚法治，兼习儒术，大约就受到子夏等人的影响。汉武帝之前，儒家思想不曾被统治者真正奉行过。有之，则从魏文侯始。魏文侯师从子夏学习经艺，向隐居不仕的段干木请教治国之道，聘著名儒商子贡（即孔子爱徒端木赐）的入室弟子田子方为客卿，引起当时诸侯的震动："文侯由此得誉于诸侯。"司马迁《史记·魏世家》记载说，秦人曾欲伐魏，有人就提醒他："魏君礼敬贤人，仁爱国人，上下和合，未可图也。"

翟璜也向国君推荐了许多优秀干才。比如，西河郡守名将吴起，治理邺地的能臣西门豹，攻打下中山国的大将乐羊，包括担任中山守将的李克，乃至太子的师傅屈侯鲋等。这些人都是杰出的文臣武将，各有所长。

于是，我们就发现，魏文侯治国用了两种不同类型的人才。卜子夏、段木干、田子方有道德上的优势——儒家自律比较严，同时还有战略上的开阔视野，追求修身、齐家、治国、平天下。他们是帝王之师，"坐而论道者也"。而李克、吴起、西门豹在不同岗位上各司其责，是分而任事者也。

用李克的说法，魏成推荐的人，国君以之为师；翟璜推荐的人，国君以之为臣。所以他认为翟璜识人的眼界，比魏成差一截。翟璜认同了李克的说法，为先前的失态向他道歉。

治国理政，需要各种人才。"五常异禀，百行殊轨，能有兼偏，智有短长。"（《人物志》）李克认为国君不仅需要各行各业的干才，更需要的是能够帮助其提升境界和格局的指导者。下面这两则故事可以说明这一点。

有一次，魏文侯与田子方在一起吃饭，欣赏音乐。

魏文侯说：钟声不对称啊，左边的声音好像略高。

田子方只是笑笑，没有吱声。

魏文侯迷惑地问：你笑什么？难道不是这样吗？

田子方说：臣听说，为君者致力于辨官，不着意辨音。如今主公着意辨音，臣担心会忽略对官员的识辨啊。田子方的意思是说，为君之道，无非用人任事，国君关注的重点当在用人当否，不宜对臣下的具体工作，作即兴式品头论足。

田子方不愧是儒商子贡的高足，深谙领导艺术。

还有一次，魏文侯的嗣子魏击（约前432—前370）路遇田子方，下车伏谒施礼。田子方并没有还礼。

魏击很不高兴，冲着田子方大声嚷道："富贵者骄人乎？贫贱者骄人乎？"是富贵者值得高傲呢，还是贫贱者值得高傲呢？

田子方平静地回应道：当然是贫贱者可以，富贵者不能。诸侯傲慢失其国，大夫傲慢失其家（封邑）。失去国家和封邑了，要想重新获得就没有那么容易了。我贫贱之人，言不听，计不从，拔腿就走，到哪里去不是贫贱呢！

魏击，也就是后来的魏武侯，犹如被当头棒喝，赶紧向田子方谢罪。

田子方教导太子的道理发人深省——有担当、有事业、对未来有期待的领袖人物，应该比他人更自律更克己。

司马光《稽古录》卷十六《历年图序》，相当于《资治通鉴》的大纲，文中论及五种不同的人君：创业之君、守成之君、陵夷之君、中兴之君、乱亡之君。这些人君的差别不全是因为才能有高下，更取决于其自我约束和自我管理能力。司马光认为，同样是中等才能，能够自我约束，即可守住家业不坠，是为守成之君；倘若不能自修，就会出现衰败的危机，是为陵夷之君。领导首先要学会管理自己，说话、处事、为人，要比一般人更加严格要求自己，才能在更高的平台上，管理更宏大的事业。

总之，魏文侯治国理政，不仅有成就，而且有经验。这些经验构成了中国古代明君治国的微型标本。

2. 两汉六十卷：文明奠基·儒法变奏

《汉纪》六十卷记载西汉、东汉四百余年事迹。两汉之际的新莽政权和更始帝政权也算在《汉纪》之内。

在西汉这一部分，《资治通鉴》主要有如下几件大事。

首先是楚汉之争。

从陈胜造反到刘项起兵，最后的归宿是刘邦建立大一统的帝国。虽然刘邦在公元前 206 年封为汉王时，就已经被列入《汉纪》，但是真正统一全国要到公元前 202 年二月，以韩信为首的诸侯在汜水之阳共推他为皇帝。皇帝的称号经过秦始皇首创、刘邦继承，从此确立下来。

在这一段历史中，《资治通鉴》对于刘邦和项羽的领导能力作了对比性描述，刘邦自己的总结就很精彩。

汉高祖刘邦

刘邦总结自己之所以打败项羽的原因是善于识人、用人："夫运筹策帷帐之中，决胜于千里之外，吾不如子房；填（镇）国家，抚百姓，给馈饷，不绝粮道，吾不如萧何；连百万之军，战必胜，攻必取，吾不如韩信。此三者，皆人杰也，吾能用之，此吾所以取天下也。项羽有一范增而不能用，此其所以为我擒也。"

其次是大汉开国。

马上打天下，不能马上治天下，这是陆贾告诉刘邦的，刘邦如醍醐灌顶。汉初的无为而治、轻徭薄赋，大约就是这种认识在政策上的落实。但是，刘邦比陆贾更高明的是，他知道帝国的安全不能建立在功臣的道德操守上，他对于韩信等立功将领并不放心。《资治通鉴》对于刘邦如何在吕后的帮助下，除掉韩信、彭越、英布，也有清楚的记述。这些兔死狗烹的事件，也是刘邦建国的内容之一。

第三是家天下的传承。

刘邦死后，吕后在一帮老臣萧何、曹参、陈平、周勃等辅佐下，支撑了十五年。吕家诸侯也因而坐大。在诛灭吕氏势力的过程中，刘邦封建的同姓王是起到了关键作用的。由此，西汉进入了文景和平发展的时代。朝廷的无为政治，不仅促进了经济的发展，也培植了豪强势力，轻税政策更有利于大土地主。尤其是汉文帝的含忍，也养成了同姓诸侯王的富贵骄横。汉初分封制的弊端由此显现出来，景帝即位当年爆发的吴楚七国之乱，就是其结果。

第四是汉代盛世。

中国历史上的所谓盛世，从来与经略四裔关系密切。这一事业尤其在汉武帝统治的半个多世纪里表现得特别突出。卫青、霍去病抗击匈奴，张骞通西域寻找战略盟友大月氏，以至打通西南夷、平定南粤、设置河西四郡以及设立辽东四郡，都是雄才大略的汉武帝时期的事迹。这些经略事业，离不开汉初六十年的经济积累，但依然不足支用。为了进一步扩大中央政府的财政收入，汉武帝放弃了父祖时期的自由放任经济政策，实行了"食湖池，管山海"的官府垄断工商业的政策。汉武帝末年对此前的政策有所反省，罢轮台之戍，下罪己之诏。可是由于巫蛊之祸，废黜太子刘据，引起内政动荡。汉武帝托孤霍光之后，黯然去世。

第五是西汉后期八十多年多事之秋的政治。

"昭宣中兴"四十年，国力上保持了向上的姿态，汉宣帝设置西域都护府，汉元帝时呼韩邪单于归附，都是可以书写的成就。西域都护府将领陈汤（？—前6）"犯强汉者，虽远必诛"的豪言壮语，也反映了当时西汉对外关系的强势地位。尽管如此，《资治通鉴》中这个时期关注的重点是围绕着汉武帝政策的讨论，即所谓盐铁会议。

《资治通鉴》中"西汉纪"三十一卷的长编纂修者是刘攽，他曾经写信给王安石公然反对新法。那么《资治通鉴》中重视盐铁会议的观点有没有受到宋代现实政争的影响呢？据考证，"西汉纪"部分完稿在治平四年四月，同年十月神宗赐《资治通鉴》序时，王安石变法还没有正式开始，所以可以认为，《资治通鉴》对于汉武帝时期桑弘羊"食湖池，管山海"的改革及其在昭宣时期的讨论的重视，并没有受现实政争的影响。

《资治通鉴》在此时段记录了关于"王道"和"霸道"关系的重要论断。汉宣帝对太子刘奭（日后的汉元帝）有一段话：

汉武帝雕像

皇太子柔仁好儒，见上所用多文法吏，以刑绳下，尝侍燕从容言陛下持刑太深，宜用儒生。帝作色曰："汉家自有制度，本以霸、王道杂之。奈何纯任德教，用周政乎！且俗儒不达时宜，好是古非今，使人眩于名实，不知所守，何足委任！"乃叹曰："乱我家者，太子也！"（《资治通鉴》卷二十七）

这段话下面司马光有一段直抒胸臆的评论：

臣光曰：王、霸无异道。昔三代之隆，礼乐、征伐自天子出，则谓之王。天子微弱不能治诸侯，诸侯有能率其与国同讨不庭以尊王室者，则谓之霸。其所以行之也，皆本仁祖义，任贤使能，赏善罚恶，禁暴诛乱。顾名位有尊卑，德泽有深浅，功业有巨细，政令有广狭耳，非若白黑、甘苦之相反也。汉之所以不能复三代之治者，由人主之不为，非先王之道不可复行于后世也。夫儒有君子，有小人。彼俗儒者，诚不足与为治也，独不可求真儒而用之乎？稷、契、皋陶、伯益、伊尹、周公、孔子，皆大儒也，使汉得而用之，功烈岂若是而止邪！孝宣谓太子懦而不立，闇于治体，必乱我家，则可矣；乃曰王道不可行，儒者不可用，岂不过甚矣哉！非所以训示子孙，垂法将来者也。

司马光的核心思想是"王、霸无异道"。这已经从根本上赞同了汉宣帝的说法。但是，他的意思分两层。

第一层是说，允文允武，但是强力行为也要从仁义出发，所谓"本仁祖义"，不是出于一己之私。"任贤使能，赏善罚恶，禁暴诛乱"，这些手段都是必需的，刚与柔两手治理手段，不是黑白分明，决然对立的。第二层意思是说，儒家有君子、有小人，帝王用真儒，不用俗儒即可，为什么一定要说王道不可行、儒者不可用呢？

可以看到，司马光后面这一层意思非常典型地反映了宋儒的主流意识。汉宣帝只是不能用俗儒，并不反对用儒，否则还讲什么"霸王道杂之"呢？这个问题，非常典型地体现了《资治通鉴》价值判断中的双重性。一方面，《资治通鉴》的记载是务实的；另一方面，它的价值判断又不免是矫情的。

武皇帝劉秀

汉光武大帝刘秀

阎立本《历代帝王图》局部

东汉时期的历史,《资治通鉴》从卷四十《汉纪》三十二年开始。

这一年是光武帝建国的建武元年(25)。王莽新朝在《资治通鉴》里不列入纪年,内容收入《汉纪》二十九、三十凡二卷,从王莽始建国元年到地皇三年(9—22)。《汉纪》三十一是更始帝统治的二年(23—24)。

对于王莽以儒家为标榜的改革,司马光的评价记载很负面。但是,他没有发表"臣光曰",只是援引了班固《汉书·王莽传》后面的评论"赞"文:"昔秦燔《诗》《书》以立私议,莽诵"六艺"以文奸言,同归殊涂(途),俱用灭亡,皆圣王之驱除云尔。"此处的圣王指光武帝刘秀。

东汉一朝的记载,以光武帝中兴,先后平定各地割据势力为重要内容。刘秀事迹占了将近六卷的篇幅。刘秀在崛起时的韬光养晦(兄长刘縯被杀之后)、能屈能伸(与郭圣通结婚获得刘阳的支持)、该出手时就出手(邯郸王郎政权被灭之后贰于更始政权),以及刘秀的以"柔"道治国,都写得生动传神。

在内政与外交上，东汉的历史也有一些重要内容。内政上是太后临朝、外戚掌权以及士风矫激、党锢之祸等。在外交方面，有东汉西域都护定远侯班勇及其下属甘英经营西域、出使大秦、条支至于西海，更多的则是对北族叛服不常的战争，与羌人的长期战争以及对于匈奴和鲜卑的战争。

3. 魏晋五十卷：英雄逐鹿·时代悲歌

汉唐之间在霸主政权统治下，现实政治权力与正统观念下的纪年颇不一致。例如《魏纪》十卷，记载三国事迹。但是，三国时期的两大重要战役官渡之战（200）、赤壁之战（208）都在东汉的纪年下，袁氏兄弟、刘关张事迹，也多在《汉纪》之内。同样，《晋纪》四十卷，记载西晋、东晋，就包括了十六国事迹。

三国是一个英雄辈出的时代。司马光记载的精彩程度不下于陈寿的《三国志》，甚至可以与罗贯中的小说家言一比高下。司马光擅长写战争，这一点，曾国藩、毛泽东都有嘉评。

在战争时期，每一位豪杰经略的人事臧否、处事的成败得失，会在很短的时间内展现，为后世白发渔樵、意气书生一壶浊酒论英雄提供谈资。在这里，我们以刘备和孙权的比较为例，看看《资治通鉴》记载的精彩之处，会发现它比《三国演义》更有看头。

刘备、孙权都是一时豪杰，也都建立了自己的基业。刘备与孙权共同的长处是能审时度势，扬长避短；短处是基础太弱，格局尚小，或者是因为对手曹操足够强大，自保有余，战而胜之则力有不逮。但不言而喻，刘、孙二位的创业基础是完全不同的。

刘备是白手起家；孙权却是一个官二代，或者说官三代更妥帖。孙权的父亲创业，哥哥孙策继业，舅舅、叔父都曾经是太守级别的人物，哥哥朋友圈里的周瑜也是当地豪绅，这些条件哪里是刘备这么一个靠小买卖（据说是卖鞋）

过日子的人家能比的。更准确一点说，刘备是创业，孙权是守业并且发展壮大，这是两种不同的能力。但从现实条件的角度说，刘备的创业要比孙权的守业艰难多了。

创业的能力首先是吃苦耐劳、坚忍不拔、不惧挫折、勇往直前。刘备就有这个本事。刘备在创业时的优秀品质很突出，以参加讨伐黄巾军起家。在黄巾军中他获得了一个很低级的职位——县尉，相当于副县长兼治保科长，但是曾一度被裁员回家。刘备对此愤然不平，找督邮说理，一怒之下，把督邮绑到树上打了一顿。可能这样的做法太不符合后世对刘备"仁厚长者"的"人设"了，所以罗贯中《三国演义》把这件事安到了脾气粗暴的张翼德头上。

后来刘备先是跟同学公孙瓒讨碗饭吃，被公孙瓒派到青州、又借到徐州，这段时间刘备完全学会了谦卑、谨慎、仁厚，同时大打皇叔牌。如果当初他把这个皇叔牌举得像后来这么高，裁减因为黄巾军战功而被任命的县级官员，也许根本就不会裁到他头上了。

刘备打仗不行是真的。他得到的徐州很快被吕布抢走了。接下来，他投奔曹操、袁绍、刘表、孙权，赤壁之战后才获得了荆州的一块地盘。211 年入川后经营多年，219 年称"汉中王"。这一系列成功的背后，靠的就是坚忍执着和不屈不挠。

可是，刘备做汉中王以后，明显暴露出能力的不足。对荆州的局面和关羽一事的行动缺乏管控，是最直接的说明。

刘备应该知道关羽的优点和缺点，知道孙权对于荆州的觊觎，但是他并没有对荆州的复杂局面做出妥善的应对。221 年称帝之后，更是有些狂妄轻敌了，居然要去打孙权，所有人的话都听不进去，诸葛亮也不敢深谏。赵云所说"国贼，曹操，非孙权也。若先灭魏，则权自服"，刘备更是置若罔闻。诸葛瑾的话其实讲得已经很透彻直白了，但是他依然一意孤行——您为二弟关羽报仇，与汉献帝被废（刘备说被杀）相比，哪一个仇更应该报？荆州丢失，与汉室江山被曹氏夺取，哪一个更重要？（"陛下以关羽之亲，何如先帝？荆州大小，孰与海内？俱应仇疾，谁当先

蜀主劉備

吴主孙权

刘备和孙权
阎立本《历代帝王图》局部

后？若审此数，易于反掌矣。"）

此时，刘备所有的韬略、所有的审时度势都没有了，他被三弟张飞的亲情所绑架，一定要为关羽报仇，攻打东吴。在这种道德绑架背后，其实是他的狂妄轻敌，是想收复荆州的贪欲与执念。

从这件事可以看出，刘备缺乏把事业做大做强的能力。暂时的成功冲昏了他的头脑，格局限制了他的发展。

孙权的情况与刘备很不同，他不但承继家业，更重要的是他能做大做强。

作为承继守业者，其行事与创业不同。创业的团队都是自己带出来的，威信是打出来的。承继守业之人，首先要获得原来团队的认可，团结新老队伍。

团结新老队伍，需要非常好的融合协调能力，换句话说，就是需要领导者有非常柔软的身段。比如，张昭、秦松、周瑜、程普等重臣，都是哥哥孙策留下的人才；老将军程普甚至在父亲孙坚时代，就已经在战场立了军功。带好、用好、管好这一批人非常不容易。"内事不决问张昭，外事不决问周瑜"，这是一种信任、倚重，更是一种领导智慧。江东诸人只有团结在孙氏旗号下才能凝聚成一个命运共同体。

比较起来，刘璋就不行，他不能团结益州士人，甚至变成了傀儡。袁绍、刘表二人更是如此，他们的后代争权内斗，关键是没有一个儿子的能力超迈众人，能够掌控局面。这方面看，孙坚的儿子中，孙策之后还有孙权，显然是更胜一筹的。

这是孙权的第一个能力，对新老队伍有协调力、掌控力。

第二，包容心和忍耐力。赤壁之战前，面对曹操的大军压境，文官首辅之臣张昭、秦松是有私心的，他们担心如果不早早投降，会玉石俱焚。所谓投降，按照曹操的说法，就是归附中央。因为曹操挟天子令诸侯，就代表中央。是周瑜与鲁肃，加上诸葛亮的意见，坚定了孙权抗敌的决心，最终孙刘联军取得胜利。但是，孙权并没有因此就冷落张昭和秦松，依然倚重他们。这就是胸襟。

孙权识人用人，有他的一套方略。对于周瑜，他肯定其胆略过人，赤壁之战，开拓荆州，建立伟业。但是，孙权在赤壁之战中，派周瑜主持前线军务的同时，又派老将程普牵制周瑜，形成制约。

对于鲁肃，孙权肯定其见识超群，并举二事为证。一是榻中对，200年，年仅18岁的孙权初即位，二人初次见面，鲁肃论及发展大略，谋求帝王之业，此是一大快事；二是曹操大兵压境，张昭、秦松等人都主张投降，只有鲁肃力主抗击，劝孙权召周瑜总领兵事，最终获胜，这是二大快事。孙权说鲁肃也有错失，认为鲁肃力主借荆州给刘备的事，是其明显失误；当刘备不愿意归还荆州之时，鲁肃向关羽讨要不成，说关羽没有什么了不起，这是鲁肃"内不能办，外为大言耳"！孙权说，瑕不掩瑜，我并不苛责于他。孙权还赞赏鲁肃带兵，军令严肃，路不拾遗，有完美的法令制度。

孙权在对诸葛恪的问题上也是如此。他说："夫不舍小过，纤微相责，久乃至家户为怨，一国无复全行之士也。"意思是，不容忍部下小的过失，做错一点事情就批评指责，时间一长，人人都埋怨不满，全国都没有一个完美之人。这可能是孙权用人的底层逻辑吧。

孙权第三个方面的优点是在对外关系中身段柔软，通权达变；不像刘备有时还被"政治正确"绑架。

三国的外交纵横中，东吴的身段最柔软，联刘抗曹，或者是降魏抗刘，端的看国家利益，没有个人感情。赤壁之战前的事情不说，赤壁之战后，孙权与曹操有过多次交手，互有胜负，但是，如果国家利益受到威胁或者损害，孙权从来不吝惜与刘备翻脸。孙权有多次投降曹魏的举动，又有多次与蜀汉盟誓的事情，一切皆是以国家利益为重。

当初刘备借荆州，一是因为刘备赤壁之战确实有功，二是鲁肃力主孙刘联盟，对付北边的曹操，把刘备当作看家护院的帮手。其实，刘孙两家对于荆州的归属，有完全不同的理解。214 年，刘备取益州，孙权就嘀咕着荆州的事情。鲁肃死前，由于曹操在汉中的行为威胁到刘备，刘备做出让步，孙刘两家分荆州为二，东边三郡归孙吴，西边三郡归刘备，算是暂时熄灭了争论。

219 年，刘备拿下汉中，称汉中王，关羽在荆州地区采取配合行动，猛攻襄、樊，意欲从陆路上打通荆、益。孙权不想刘备在中原得计，更想乘刘备无暇东顾，将其势力从荆州彻底清除出去。司马懿看出了孙权心中的小九九，其时曹操正因为关羽咄咄逼人的攻势头疼，迁都的念头都有了，司马懿献计曹操联孙制刘。于是，孙曹一拍即合。孙权与曹操暗通款曲，结果关羽丢了性命，东吴得了荆州。

不久，曹操去世，时在 220 年正月。当年十月，曹丕禅代称帝，次年八月，孙权遣使向比自己还年轻五岁的曹丕称臣，表文极尽奉承讨好，使得曹丕大悦，封孙权为大魏天下的藩王——吴王。对于孙权的甘做藩臣，曹魏阵营的人看得很清楚，无非是权宜之计，防止刘备报仇时，"蜀攻其外，我袭其内"。孙权面对曹丕派出的使者浩周，信誓旦旦，说是绝对诚意，甚至一把鼻涕一把泪地解释，指天发誓，绝无二心。

及至夷陵之战蜀汉失败，孙权解除了困境后，马上不认账了。曹丕大怒，派大兵征讨，孙权又卑辞上书，请求改过自新，说：若陛下认为我罪在难除，不能原谅，臣当奉还土地民人，把我流放到交州（今越南河内）去，终其余生。同时，孙权又与上过当的魏国使臣浩周写信：欲为儿子孙登求婚曹魏宗室，会派我弟弟和张昭随孙登一起来求婚。说得跟真的一样。你看孙权的这些手段，说谎不眨眼，什么词都讲得出来。

但是，这次曹丕不上当了，决计亲征东吴。孙权自知"说鬼话"不行了，于是一方面发兵临江拒守，另一方又厚着脸皮通使蜀汉，以求联合。蜀汉这时候已经没有力量再战，与曹魏又不存在和解的可能性（所谓"汉贼不两立"），只好接受了东吴的和平使者。在刘备死前，蜀吴已经实际和解。223 年，刘备驾崩，后主刘禅继位，诸葛亮实际主持朝政。诸葛亮主动遣使东吴修好。于是东吴与蜀汉又维持了四十年的和平，直到三国局面的结束。

陈寿《三国志》这样评价孙权："孙权屈身忍辱，任才尚计，有勾践之奇英，人之杰矣。故能自擅江表，成鼎峙之业。"意思是说，孙权能忍辱负重，能任人唯才，崇尚计谋，像当年的越王勾践一样能屈能伸，所以能割据江东，成就三国鼎立的局面。这个评价应该是符合历史事实的。

　　两晋时期以及十六国的历史，南北交错，头绪纷繁，但《晋纪》四十卷却把这段历史梳理得井井有条，不仅史事有条不紊，而且包含着深刻的历史经验和教训。

　　比如写曹魏建国，接受了东汉时代母后专权导致军阀割据的教训，压制外戚和宗室子弟。当司马懿父子在高平陵政变之后相继掌权，曹氏江山却无人为之屏藩，淮南三叛因为没有宗室的声援，缺乏号召力，也相继被平定。西晋建国后，表面上吸取曹魏的教训——中央由外戚掌权，晋武帝司马炎的岳父杨骏和晋惠帝司马衷的皇后贾南风先后掌握朝政，地方上将宗室子弟分封全国——结果，贾南风专权及其引起的八王之乱造成了西晋王朝的衰败。这就是机械地接受历史教训所付出的代价。

　　东晋（317—420）立国有一百多年，"王与马，共天

魏文帝曹丕和晋武帝司马炎

曹魏建国，接受了东汉外戚专权、军阀割据的教训，压制外戚和宗室子弟。但当司马懿父子政变时，曹氏江山却无人为之屏藩。西晋建国后，表面上吸取曹魏的教训，中央由外戚掌权，将宗室子弟分封全国，但结果却是直接造成西晋王朝衰败的"八王之乱"。这就是机械地接受历史教训所付出的代价。

下"，有四大家族先后掌握中央朝政，琅琊王氏、颍川庾氏、谯郡桓氏、陈郡谢氏你方唱罢我登场。这不仅仅是因为士族门阀的强大，而且是因为皇族司马氏的衰弱。晋元帝司马睿想用申商之术教育太子，遭到士族的反对。这位太子就是晋明帝。可惜晋明帝活得不长，嗣后的皇帝或是幼童即位，或是少壮即亡。

4. 南北朝五十八卷：胡汉分治·相煎何急

南朝四纪分别是《宋纪》十六卷、《齐纪》十卷、《梁纪》二十二卷、《陈纪》十卷，记载南北朝一百多年的事迹，也包括隋朝统一之前的北朝事迹。

宋、齐、梁、陈的王朝更迭，是接续东晋而论，《资治通鉴》的纪年以南朝为正统。魏晋与南北朝真正是两个不同的时代，尽管士人门阀依然自我膨胀，但魏晋士人风流已经成为了绝响。

《资治通鉴》卷一百三十六《齐纪二》，武帝永明七年（489）十二月载：

侍中江斆为都官尚书。中书舍人纪僧真得幸于上，容表有士风，请于上曰："臣出自本县武吏，邀逢圣时，阶荣至此；为儿昏得荀昭光女，即时无复所须，唯就陛下乞作士大夫。"上曰："此由江斆、谢沦，我不得措意，可自诣之。"僧真承旨诣斅，登榻坐定，斅顾命左右曰：
"移吾床远客！"僧真丧气而退，告上曰："士大夫故非天
子所命！"

这种情况，也出现在刘宋文帝的时候。《宋书》卷
五十七《蔡廓传附子兴宗传》有一条史料，讲宋文帝告
诉中书舍人王弘，欲做士大夫，需要与琅琊王氏出身的
王球（393—441）在一起，与刘湛、殷景仁在一起是不
行的；王弘称旨前往却被拒绝了。这件史事未见《资治
通鉴》记载。但是，两件事都反映了南朝时期士庶之间
是有很大隔阂的。

南朝的士庶之隔与东晋的最大不同在于：东晋士族门
阀是掌握权力的，南朝的权力则在庶族手里。王球因为是
宋文帝潜邸之友，得到善待，终究只是花瓶摆设，皇弟刘
义康就看不起他，而殷、刘之属，则是实权派。

南朝刘宋的皇室自相残杀十分突出。《资治通鉴》提
出了皇家子弟的教育问题。

皇家子弟的教育问题，不仅发生在刘裕这样的武人家庭中，在梁武帝萧衍这样"学霸"级人物的家庭中也十分突出。在侯景乱梁事件中，萧衍的儿孙子侄辈，不仅表现出懦弱迂阔，而且贪婪残忍。湘东王萧绎最后拾得侯景之乱的成果，残杀异己，行为极其血腥残忍；乱兵临境不谋抵抗，竟然要群臣戎服听自己讲《道德经》。山河残破，南朝从此不复有与北方抗衡的能力。

北朝的历史分两段。前期为北魏拓跋珪建国、拓跋嗣发展、拓跋焘统一，经历了五六十年的时间。

北魏的成功，离不开汉族士人的辅助，由此形成了强盛的以崔、卢、李、郑、王为代表的北朝士族门阀，直到隋唐时代仍然影响巨大。由于南朝士族在侯景之乱后消灭殆尽，最后隋唐大一统是由北方开启的，所以历史书写中和隋唐社会上，头等士族是北方士族，并不奇怪。时人眼中的山东士族，就是崔、卢、李、郑、王。

450 年，北魏历史上的一件大事就是"崔浩之狱"。

崔浩父祖数代都为北族在华北建立的政权服务，他自己更是历事三帝，为拓跋焘的首席智囊，最终却因为所谓"国史案"惨死。"崔浩之狱"背后的原因乃是北魏统一以后，势力膨胀的汉族士人，已经与鲜卑族贵族发生了利益冲突。崔浩之死以及许多士族成员死于非命，只是双方矛盾白热化的一个反映。这导致了拓跋焘死后鲜卑汉化进程的直接倒退。直到三十年多年后，冯太后及魏孝文帝主持的太和改制，才纠正了这个倾向。

从 484 年开始，北魏陆续建立了俸禄制、均田制（租调制）、三长制。北魏统治了中原，广土众民，需要汉族文官参与治理，俸禄制度必须完善。俸禄来自赋税，赋税来自土地，征收赋税、管理民众，又必须依靠乡里保甲等基层组织（即三长制）。总之，太和改制使得北魏的国家治理从打天下为主进入了治天下为主的阶段。

490 年冯太后去世，守孝三年之后的孝文帝进行了更激进的改革。他把首都从平城（今山西省大同市）迁到洛阳。废除鲜卑姓氏，改为汉姓，皇室拓跋氏改为元氏。要求鲜卑贵族与汉族士族通婚，他自己带头，纳士族高门之女为妃嫔。又要求讲汉语，不得讲胡语。所有这些措施，将北魏的汉化推向了极致，也触动了很多鲜卑贵族的利益，特别是在北方六镇。首都在平城时，六镇本由贵戚重臣驻防，现在迁都后，鲜卑贵族都到中原地区，淡忘了游牧地区的苦寒岁月。天灾人祸引发的灾难进一步激化了驻守官兵和贵族间的矛盾，六镇起兵敲响了北魏的丧钟。

朔州军阀尔朱荣（493—530）在朝廷镇压六镇中脱颖而出。其时，北魏胡太后掌权，任人唯亲，胡作非为，甚至害死了与其争权的儿子孝明帝元诩（510—528），给尔朱荣带兵进京"清君侧"以口实。528年四月，胡太后及北魏官僚二千余人被劫持到黄河边屠杀，史称"河阴之变"，这离孝明帝被杀不到两个月。尔朱荣从此把持着朝政，所立孝庄帝元子攸（507—531）只是一个傀儡。历史第一次在北朝建立霸主政治。

尽管尔朱荣执政的两年多时间中，为消灭各种叛乱势力出过力，但由于君相之间激烈的权力冲突不可调和，尔朱荣被杀，孝庄帝也难逃尔朱氏家族的毒手。最后，来自六镇中怀朔镇的高欢走到了前台，他控制着关东地区建立了东魏（都邺城）；来自武川镇的宇文泰随后也控制了关中，建立了西魏（都长安）。北方又一次陷入枭雄对峙、东西政府分立的局面。

北朝后期是两个对立的政权，高欢（496—547）创建的东魏（534—550）、北齐（550—577），和宇文泰（507—556）创建的西魏（535—557）、北周（557—581）。双方的斗智斗勇斗法（法者，制度也）延续了几代人。一开始，东魏北齐的势力更强大，但是，西魏宇文泰、苏绰、宇文护等进行了一系列适应胡汉民族融合新局面的制度改革，最终西边的北周消灭了东边的北齐，分裂了四十二年的北部中国重归统一。

中国历史五千年，从《史记·五帝本纪》的记载开始，华夏与"戎狄"之间的战争与和平，就不曾中断。现在的研究表明，三代时期的"戎狄"或者"戎夷"，未必都是游牧民族，也有农耕文明，只是其与黄河流域的华夏部落渊源有异罢了。秦汉以后，"戎狄"或者"夷狄"逐渐与华夏族即后世的汉族变得不同,"戎狄"代表游牧民族,华夏或者汉族则是农耕民族。这与北方长城沿线的生态环境变化有关,由于气候的变化,农耕地区的边线向南推移,长城之外愈益成为游牧地区的跑马场,而塞内则为内陆农耕之乡。北部边境的气候变化影响到草场边线的移动范围,在后来的三千年历史中,也反复出现过,每一次气候反复都若合符契地影响到北方游牧部族的动向,以及华夏与"夷狄"势力的消长。

因此,中国历史内部始终存在两种并行的发展线索:一种是作为主体文化部分的华夏文明发展的线索,秦汉、隋唐、宋明这些重要朝代的历史,尤其体现出这一条线索;另外一条是中原王朝与周边,主要是北方游牧民族政权之间的互动(战争的与和平的)。三代(夏、商、西周)勿论,战国时期燕、赵、秦北边的长城,就是处理华夏政权与游牧部族关系的边防设施。这三个国家内部也有融合华夏与"戎狄"的问题,比如赵国以邯郸为中心的农耕文明,以代地(大同)为中心的游牧区域,就在一个诸侯国家内部发生过冲突。赵武灵王的胡服骑射以及最后"沙丘之变",都反映出赵国处理戎夏问题的得与失。秦朝的北修长城、汉初的和亲、汉武帝时期的反击匈奴乃至凿空西域，都反映出不同时代处理中原王朝与北边游牧部族之间关系的不同思路。

北朝后期历史上，胡汉冲突与融合是政治问题的核心。北朝后期东西方这两大政治势力的较量及其成败，给我们以许多启示。

首先，穷则思变，改革与发展是硬道理。创建西魏时年仅二十七岁的宇文泰，面对东边咄咄逼人的军事压力，以及自己统治区内复杂的民族矛盾，在勇敢顶住高欢军事进攻的同时，启用苏绰推行包括行政管理、经济财政、社会风尚等多方面的改革措施。又亲自主导了府兵制、职官制度方面的改革。后者在宇文护掌权的北周时期得到了进一步推行。这些改革不仅仅是为了解决当下的兵力、财力等事务层面的问题，也是为了解决胡汉冲突等深层次的社会活力问题，使得西魏北周形成了一个胡汉一体的统治核心，也就是陈寅恪所称的"关陇集团"。

其次，西魏北周的几代领导人，宇文泰、宇文护、宇

客使图

唐章怀太子李贤墓壁画。胡汉的冲突与融合问题，是牵动中国历史发展的一条线。唐太宗李世民被西域各民族尊为"天可汗"，有唐一代，天下一家，胡汉文化融合呈现出新气象。

文邕有能力、有魄力、有进取心，在各自执政期间，担当起了改革、发展的重任。相反，东魏、北齐高氏集团，高欢格局稍逊，不能积极解决胡汉对立问题，只是一味和稀泥，拖延了事。高澄、高洋都有一些行政和军事能力，但是其人格品行瑕疵比较多，在用人与决策上错误比较多，其后的高演、高湛、高纬胡作非为，骄奢淫逸，一步步地败坏国力，最终葬送了北齐王朝。

胡汉融合是北朝发展的自然结局，是北魏孝文帝改革以来长时段历史演进的必然归宿。六镇之乱算是一股逆流，甚至是"反攻倒算"，但是，只要是符合历史发展方向的东西，过了激流险滩，终将继续前行。处理好胡汉关系同样考验着东魏、北齐和西魏、北周的统治者。这是一场大考。宇文泰的政策比高欢的高明，就在于他从制度上确立了胡汉融合的方向，又从形式上满足了胡汉各自的利益偏好。高欢方面却是在强化胡汉利益的差别，最终导致严重的利益冲突，王朝末年还爆发了鲜卑贵族以族群冲突屠杀汉族出身官员的事件。这里面的成功经验和失败教训，对于我们今天也有启发意义。

总之，凡是汉族与胡族发生冲突而走向融合，都是汉文化在吸收胡文化之后更加丰富博大而显出强大的生命力；同时，胡族文化得到提升并最终融于汉文化之中。这时候的汉文化已经包含了胡文化的成分，已经是胡汉融合的文化，不存在谁吃掉谁的问题。中国文化的博大和持久不衰，就源于此；中国历史上不同族群的凝聚力和国家认同就是在这样的冲突和融合中向前推进的。先秦时期，华夏与"蛮夷""戎狄"之间有这么一个阶段，十六国北朝时期的五"胡"乱华、鲜卑立国则是第二个阶段，五代以后也都重复着这样的故事。在中国数千年的历史长河中，胡汉融合带来的民族凝聚力与国家认同，始终是波涛汹涌、壮怀激烈的那一段航程。

5. 隋唐八十九卷：久分必合·盛衰治乱

隋朝在《资治通鉴》中分为两个阶段。第一阶段从杨坚建国（581）到杨广作为隋军统帅灭南朝陈前一年（588），这段纪年还是陈朝的纪年。这一段历史记事在卷

一百七十五《陈纪》九到卷一百七十六《陈纪》十，从
陈宣帝太建十三年（辛丑年，581）到长城公祯明二年（戊
申年，588）。第二个阶段为卷一百七十七，记事从己酉
年（589）正月乙丑朔（初一）开始，就是隋朝开皇纪年
了。正月下旬，隋军攻克陈朝首都建康，二月初一撤销为
了平陈而建置的淮南行台省。平陈得州三十，郡一百，县
四百，人口五十余万。三月杨广班师。隋朝统一之后开始
的《隋纪》，共八卷。

隋朝结束了魏晋南北朝分裂割据的混乱局面。隋文帝
接受北周诸王势单力弱的历史教训，让自己的儿子各据大
镇，专制一方，权侔朝廷，但仍然不能改变二世而亡的乱
局。对于这一点，司马光在"臣光曰"中有评论：

昔辛伯谂周桓公曰："内宠并后，外宠贰政，嬖子配
嫡，大都偶国，乱之本也。"人主诚能慎此四者，乱何自
生哉！隋高祖徒知嫡庶之多争，孤弱之易摇，曾不知势钧
位逼，虽同产至亲，不能无相倾夺。考诸辛伯之言，得其

一而失其三乎！

隋文帝宠爱独孤后，五子同气连枝，都是独孤氏所生。太子杨勇因为不为独孤后所喜，而被废黜，连带地引起一系列人事变动，诸如隋初开国功臣被免、杨素上位，加上高祖猜忌，隋初许多功臣宿将也被诛杀。这一切都给"开皇之治"蒙上了阴影。

隋朝的富庶在历史上是很有名的。隋文帝节俭也是书之于典籍。隋炀帝大业初年，全国人口超过了五千万，可以比肩汉唐盛世。这一切成为隋炀帝追踪秦皇汉武的物质基础。

就内政而言，隋炀帝新建洛阳城、开凿运河、修建长城，进行了大规模的基础设施建设。就对外关系而言，隋炀帝亲征吐谷浑，招徕西域君长前来张掖参加"商品博览会"，正月十五在洛阳召开盛大元宵节灯会，都是很有气魄的大手笔，也是很劳民伤财的举措。但是，真正把隋朝拖入深渊的是三征高句丽的灾难性战争。

隋文帝杨坚和隋炀帝杨广

隋文帝杨坚接受北周诸王势单力弱的历史教训，让自己的儿子各据大镇，专制一方。司马光认为隋文帝这是只知道嫡庶多争，孤弱就会不稳，却不知道如果势均力敌手足就会相残的道理。

隋文帝就曾经派高颎辅佐汉王谅攻打高句丽，失利而还。隋炀帝即位，从大业八年（612）到大业十年（614）三次东征高句丽。大业八年三月的第一次东征，隋军动员了百万大军，水陆并进，结果大败而归，死亡将士以数十万计。由于征伐民夫民丁，引发农民造反，王薄作《无向辽东浪死歌》就是号召人民抗争。

次年三月开始的第二次东征，仍然由隋炀帝亲自统帅。正当隋军猛攻辽东城之时，隋方后勤出了问题，负责督运粮草的礼部尚书杨玄感在黎阳（治今河南省浚县）发动叛乱。杨玄感是帮助炀帝夺嫡的宰相杨素之子，很有影响力。隋炀帝只好匆匆在辽东前线撤军平叛。杨玄感之乱很快平定，隋炀帝又开始谋划第三次东征。

大业十年（614）三月，炀帝到达涿郡，七月銮驾进一步移师怀远镇（今辽宁省沈阳市辽中区），攻打毕奢城（今辽宁省大连市金州区），击破高句丽的一支部队，要进一步进攻平壤。几年下来，高句丽国力也损耗不起，国王高元愿意投降，并且归还隋军降将、杨玄感兵变的同谋斛斯政。隋炀帝乘机下台阶班师回朝。这个时候隋朝政权已经是在风雨飘摇之中。

隋朝为什么灭亡？《通鉴纪事本末》卷二十六《炀帝亡隋》条摘取《资治通鉴》一万五千多字，连缀起来加以描述，从隋炀帝修建东都、西巡张掖等讲起，进而民不聊生，天下大乱，英雄并起。

隋末起兵的各路英雄中，最重要的一支就是晋阳起兵的李渊、李世民父子。历史翻到了唐代这一页。

　　《唐纪》在《资治通鉴》中占八十一卷，是篇幅最大的朝代，超过了前后《汉纪》。唐朝统治者自诩其得国之正，超过了隋朝。所谓得国之正，就是说，李唐是通过兼并战争，取得政权的，与隋朝的受禅不同。战争一直是《资治通鉴》重点描写的领域，唐初统一战争以及唐朝对于突厥的战争、对于西域地区的征战，也同样如此。

　　唐代的内政，围绕着李建成与李世民的接班之争，以及玄武门之变的后续影响，政治史精彩纷呈。李世民统治的二十三年，《资治通鉴》从卷一百九十一到一百九十九，共用了九卷的篇幅，重点是贞观君臣的论治。其中大段的对话、言论，取自吴兢的《贞观政要》。

　　唐太宗自称他十八岁还在民间时，就熟知民间疾苦、世事情伪，但是最让他印象深刻的是隋炀帝的暴政导致了强大的隋王朝灭亡于眼前的事实。"水能载舟亦能覆舟"，正是李世民从隋室兴亡中获得的最深刻的历史教训。

　　《资治通鉴》不吝笔墨地摘录了《贞观政要》书中李世民在各种场合谈论领导人修养、决策和治国之道的言论。

唐太宗李世民反复告诫大臣们："为君之道，必须先存百姓。若损百姓以奉其身，犹割股以啖腹，腹饱而身毙。"（《贞观政要》卷一《君道》）"君依于国，国依于民。刻民以奉君，犹割肉以充腹，腹饱而身毙，君富而国亡。"

他认为老百姓是自己的衣食父母："朕与卿辈日所衣食，皆取诸民者也。故设官分职，以为民也。""朕为天子，所以养百姓也，岂可劳百姓以养己之宗族乎！"（《资治通鉴》卷一百九十二）

因此，他注重休养生息，不夺农时，减免赋税，关心民瘼。出巡时发现村落逼仄，农民占田不足，立即采取措施切实推行均田令。他还推行常平仓制度，以便灾荒之年能够减少农民流离失所的现象。这种制度前朝多有，关键在于执行与落实层面。国家出资赎回流落在边疆少数民族地区的农民，资助卖儿卖女的家庭赎买回自家的孩子。

法制方面，太宗时期的《贞观律》是传世的《唐律疏议》的蓝本，新条文切实减轻了刑罚，这相对于隋代"立法违法"式的减轻刑罚无疑进了一大步。

唐太宗很注意整肃吏治，厉行精兵简政。例如指示房玄龄等裁撤冗官，结果贞观时期中央政府的官员定额只有六百四十名。他还亲自关注刺史、县令的人选，加强对地方官吏施政的监察，使地方吏治得到改善。

农民在比较安定的社会环境下安心生产，最终度过了贞观初年的经济困难，社会秩序明显好转，马牛布野、囹圄常空，全国呈现出安定繁荣的面貌。

贞观四年（630），唐太宗遣李靖平定东突厥，俘虏颉利可汗，解除了北边的威胁；九年（635），平定吐谷浑，俘其王慕容伏允；十四年（640），又派侯君集平定高昌麹氏政权，于其地置西州，并在交河城（今新疆吐鲁番西）置安西都护府。唐太宗对东突厥降众及依附于突厥的各族执行比较开明的政策，受到他们的拥戴，被尊为"天可汗"。十五年（641）以江夏王李道宗送文成公主和亲于吐蕃的赞普松赞干布。唐太宗刚柔并济，基本上保证了大唐周边的安全。

贞观十年（636），鉴于大规模的统一战争已经结束，唐太宗把作战归来的兵士改为兵农合一的折冲府，全国设有630多个折冲府。府兵改成卫士，主要职能是轮番到中央宿卫，有战事也参加战斗，平日闲时军训，忙时务农。新补充的卫士从普通百姓中拣点，凡年满二十一岁的青年男子，其家境富裕、身体强壮和人丁较多的，有义务首先被征入伍。府兵三年一拣点，入伍后到六十岁可以免役。兵制的改革，有利于生产的恢复。

唐太宗在即位当年就举行了科举考试，对内容及形式进行革新。贞观二年（628），增设制科。隋炀帝时并非常规的科举考试，到唐太宗时期成为选拔高端人才的重要机制。为了使考试评分标准化，太宗先令颜师古编成"五经定本"，又命孔颖达主持修订"五经正义"，从经书文本和注疏两方面钦定出标准文本，以便统一考试标准。他曾经在端门看到新进士鱼贯而出，喜不自禁地称天下英雄尽网罗手中了。中国科举制度发展成完备的取士制度，应该归功于唐太宗的大力提倡与制度建设。另一方面，通过编订《氏族志》，进一步确定了本朝勋贵的政治地位，对旧门阀势力特别是山东士族一直以来享有的社会权威予以否定。

唐太宗还设立史馆，着手编写梁、陈、周、齐以及隋的历史，并重修了《晋书》。贞观时期所修诸史有明显的"资政"目的，太宗君臣亲自撰写《晋书》中司马懿《宣帝纪》、司马炎《武帝纪》、《王羲之传》的评论，纵论历代兴亡之道，评点书法源流得失，俨然一个儒雅的文皇帝。

贞观后期，唐太宗进取志衰，有所懈怠了，对于刺耳的谏诤也不爱听了，虚心纳谏的谦卑态度大不如前。《资治通鉴》数次记载魏徵等人对唐太宗的警醒。贞观十七年（643），太子承乾谋反被废，晋王李治被立为太子。唐太宗想给懦弱的儿子多留一份政治遗产，遂于贞观十八年起征讨高句丽。此次军事行动没有取得预期效果，反而劳民伤财，遭到很多大臣的反对。唐太宗晚年得风疾，嫌长安暑热，营造翠微宫、玉华宫，加重了民众的负担。他还迷信仙药，致使吞丹后病情更重。有大臣劝谏，他或表面善其言而实不听；或干脆拒绝采纳。他不但怀疑已故的魏徵阿党，还冤杀了张亮、刘洎等能臣。不过在他病故前一年，曾与太子有过一次恳切的长谈，历数自己居位以来"锦绣珠玉不绝于前，宫室台榭屡有兴作，犬马鹰隼无远不致，行游四方供顿烦劳"的种种不善和过失，说自己只是个中等的君主。他还留下了《帝范》，传授为君治国之道，并叮嘱太子李治："汝当更求古之哲王以为师，如吾，不足法也。"（《资治通鉴》卷一百九十八）《帝范》从修身谈到治国理政，包含了唐太宗在总结历史基础上的个人治国经验。

从个人的执政风格来说，唐太宗懂得"使人如器"的道理，求贤如渴，知人善任。他批评隋文帝事必躬亲的领导作风，指出要信任大臣，使臣下各当所任。

唐太宗所用的武将，大多是他在统一战争中所收降，如尉迟恭、秦叔宝、程知节等；至于文官，则不论出身，唯才是用。例如马周原本只是沉沦下僚的小吏，太宗偶尔看到他所写议论朝政的文章，直陈朝政得失，切中要害，就不次擢拔，累迁至宰相。唐太宗认为，"人智有短长，能有巨细"，"良匠无弃材，明主无弃士"（《帝范·审官》）。

《资治通鉴》卷一百九十三记载，有一次诸宰相侍宴，唐太宗请大臣王珪评论一下诸位宰相。王珪说："孜孜奉国，知无不为，臣不如玄龄；才兼文武，出将入相，臣不如李靖；敷奏详明，出纳惟允，臣不如温彦博；处繁治剧，众务毕举，臣不如戴胄；耻君不及尧、舜，以谏争为己任，臣不如魏徵。至于激浊扬清，嫉恶好善，臣于数子，亦有微长。"太宗"深以为然，众亦服其确论"。这突出说明了贞观时期，唐太宗用人不拘一格、各尽所长，使得朝廷展现出人才济济的风貌。

如果只是以上这些，唐太宗只是众多帝王当中的杰出者之一，还谈不上超迈千古。宋朝史家范祖禹评价说："迹其性本强悍，勇不顾亲，而能畏义而好贤，屈己以从谏，刻厉矫揉，力于为善，此所以致贞观之治也。"意思是说唐太宗本来是一个彪悍勇武之人，可是他能够畏义好贤、屈己从谏，"刻厉矫揉，力于为善"。这几个用词值得

"克己"的明君——唐太宗李世民

"克己"是唐太宗李世民超胜历史上其他帝王的一个闪光点。他认为百姓的力量是值得敬畏的，"天子有道则人推而为主，无道则弃而不用"，所以要约束自己的行为，克制自己的欲望，并虚心听取逆耳的忠言，让自己保持"自知之明"。李世民的"克己"，值得每一个位高权重者引为借鉴。

深加玩味，用现代的话说就是对道义保持敬畏，对贤者保持尊敬，不固执己见，听从臣下的谏诤，努力改过迁善。明宪宗朱见深在新版《贞观政要》序言中总结为"克己"二字，即对自己的欲望、偏见保持克制的态度。

"克己"才是评点太宗的点睛之笔！

最能体现唐太宗治国思想的文献，首推吴兢所撰《贞观政要》一书。这是一部帝王的教科书，该书的重心，无论是处理君臣关系，还是阐明帝王之道，其要害都是"克己"：

舟所以比人君，水所以比黎庶，水能载舟，亦以覆舟。

对百姓的力量表示敬畏，所以要约束自己的行为。
"天子有道则人推而为主，无道则弃而不用。诚可畏哉！"
敬畏方能克己。

每商量处置，或有乖疏，得人谏诤，方始觉悟。若无
忠谏者为说，何由行得好事！

忠言逆耳，有自知之明，方能接受谏诤，约束自己。

"克己"当然包括克制自己的物质享受欲望。唐太宗
自己说：

朕每思伤其身者不在外物，皆由嗜欲以成其祸。若耽
嗜滋味，玩悦声色，所欲既多，所损亦大，既防政事，又
扰生民……朕每思此，不敢纵逸。

从社稷苍生的角度考虑，不敢放纵自己的口腹之欲、声
色之欲，这就是克己！其实值得每一个位高权重者引为
借鉴。

一个皇帝要做到"克己"，前提是有自知之明。贞观初，太宗曾经用自己亲身经历的例子说：

> 朕少好弓矢，自谓能尽其妙。近得良弓十数，以示弓工。乃曰：皆非良材也。朕问其故。工曰：木心不正则脉理皆邪。弓虽刚劲而遣箭不直，非良弓也。朕始悟焉。朕以弧矢定四方，用弓多矣，而犹不得其理，况朕有天下之日浅，得为理之意固未及于弓。弓犹失之，而况于理乎？自是诏京官五品以上更宿中书内省，每召见皆赐坐与语，询访外事，务知百姓利害、政教得失焉。

从自己对于弓箭的认识误区体悟到自己对于治理天下缺乏经验与才识，因而需要访问群臣对于治理天下百姓的意见，丰富自己的见识。为此，唐太宗对臣下说：

> 人欲自照，必须明镜；主欲知过，必借忠臣……公等每看事有不利于人，必须极言规谏。

一个巴掌拍不响。领导有肚量接受谏言，也得有诤臣敢于响应。魏徵就是这样的诤臣。魏徵在隋末为道士，初投瓦岗军，曾效力于李密帐下，后归依窦建德。所投皆为李世民平定山东时的敌对势力。及窦建德为唐军所破，乃在太子李建成的东宫效力，官至太子洗马（掌东宫的经籍之事）。他虽职位不高，却自称曾经劝谏李建成在与李世民的争斗中先期动手。这样一个几乎处处为敌的人，李世民却能因爱惜其旷世奇才而摒弃前嫌，委以重任。

唐太宗李世民批评隋炀帝刚愎自用，拒谏饰非，提出要集思广益，采纳善言，恐人不言，导之使谏，以实际行动成为后世帝王的典范。魏徵感激知遇之恩，知无不言，直言进谏，被唐太宗视为照见自己缺点的"明镜"。

在唐太宗的倡导下，直言进谏成为贞观时期的一种政治风气。

进谏是中国古代政治生活中一项很特别的制度。国家设置了一批谏臣，其职责是给皇帝提意见，号称"言官"。

朝廷作出决策，必须先听他们的意见，其他官员如果先谏官而言事，就会被视为举事不当。

魏徵前后向唐太宗谏诤二百余条，不仅在唐朝以休养生息、注重教化的基本国策的辩论上，在废除分封制度、完善郡县制度的政治方针的施行上，提出正确的见解，而且在许多生活细节上，也给太宗以很好的规谏。特别要提到的是魏徵《谏太宗十思疏》：

> 君人者，诚能见可欲，则思知足以自戒；将有作，则思知止以安人；念高危，则思谦冲而自牧；惧满溢，则思江海下百川；乐盘游，则思三驱以为度；忧懈怠，则思慎始而敬终；虑壅蔽，则思虚心以纳下；想谗邪，则思正身以黜恶；恩所加，则思无因喜以谬赏；罚所及，则思无因怒而滥刑。

这十条几乎条条都是针对人性的弱点，告诫唐太宗要在方方面面约束自己。

魏徵总是言人之所难言，即使唐太宗不能一下子全部

接受，事后总能做出反思，克制自己的脾气与欲望，从而
成就了求谏纳谏的佳话。

唐太宗说：魏徵的"随时谏正，多中朕失，如明镜鉴
形，美恶必见"。他还总结了"以铜为镜，可以正衣冠；
以古为镜，可以知兴替；以人为镜，可以明得失"的千古
名言。

中国从秦始皇建立皇帝制度以来，就实行中央集权
的专制制度。在近代以前，广袤的区域之间，各地经济联
系有限，而施行统治的通讯手段和技术工具都相当落后。
"溥天之下莫非王土，率土之滨莫非王臣"，中央集权的皇
帝专制制度，对于维护中华民族的统一和发展有其历史作
用。但是，皇帝制度有与生俱来的内在缺陷，那就是缺乏
制度化的权力约束机制。到唐朝逐渐完善的谏官制度，是
一个补救措施。

谏官拿什么来说服皇帝呢？通过对历史的分析，可以
归纳为四种：一是由商周时代的"天命"思想演变而来的

"天意"；二是孟子以来特别强调的"民贵君轻"的民本思想（民意）；三是东汉以来大行其道的谶纬及其流衍祥瑞与灾异，也成为警示帝王行为的一种约束力量；四是宋代以后，祖宗之法又成为限制守成君王的一种规范工具。

但是，所有这些都不是制度化的约束手段。在皇帝制度下，本来就没有一个制度化的对最高权力的约束手段。于是，皇帝的行为只能靠皇帝自己来约束，这就是皇帝制度中强调"克己"的重要性。《唐鉴》作者范祖禹（参与编写《资治通鉴》唐代部分）提出："人主之所行，其善恶是非在后世，当时不可得而辨也。"皇帝是至高无上的权威，皇帝行事的是非对错，当时怎么能够辨别呢？由谁来判断呢？集权制度下，倾听谏官的意见能解决问题吗？谏官的言论，皇帝不听怎么办？因此，皇帝的准确判断和自我约束就显得尤其重要。唐太宗在《贞观政要》中所表现得最充分的一点就是强调皇帝要有自知之明，要克制自己、约束自己！

在中国漫长的历史时期，国祚绵延三百年左右的统一皇朝并不多见，汉、唐、明、清而已矣（两宋逾三百年，但未统一全国），而尤以汉唐为盛世。"秦皇汉武，略输文采；唐宗宋祖，稍逊风骚。"假如说秦始皇建立了第一个统一的郡县制中央集权的国家，汉武帝独尊儒术，确立了皇权时代的正统意识形态，那么，唐太宗的贡献是对于皇帝本人品德、作风的探讨。

高宗武则天时期，唐代经济和社会继续发展，对外关系方面在西域和辽东都开创了新局面。但是，社会矛盾也在积累。女皇武则天只是从皇帝的性别上具有开创意义，就其统治手段和统治政策延续性上，仍然是盛唐历史自然延伸的一环。

唐朝最终的衰落与安史之乱密切相关。

为什么唐玄宗治下的盛世开元，会导致天宝末年的这一场浩劫呢？制度创新不足是其中的关键问题。具体地讲，就是土地兼并之后引发的逃户问题、兵役问题，没有很好地解决，由此引发的内外军事失衡问题，更直接酿成了大祸。

这些问题的核心是土地兼并。土地兼并的直接后果，用现在的话来说，就是导致失业（无地）、不充分就业（少地）、低收入就业（被雇佣）等人数急剧增加，贫富严重分化。北朝隋唐的均田制度试图保证广大农民耕者有其田，并且以均田农民作为执政的基础，让他们提供赋税、徭役、兵役。但是，这样做的前提是土地不能买卖，像欧洲中世纪封建庄园经济那样。可是，自商鞅变法以来，"废井田，开阡陌，民得买卖"，土地兼并问题就是一个周而复始的循环。唐初人口二百万户，盛唐时官方统计也近九百万户，而土地的垦殖增加有限。加之以吏治腐败，行政效率低下；外重内轻的军力布局无力扭转，使国家安全危如累卵；"肉食者"纸醉金迷，巧取豪夺，社会矛盾日益尖锐。"名为治平之世，实有不测之忧"，天宝末年的社会状况就是如此，这一点，连高力士都看出来了，以此提醒唐玄宗。危机四伏的社会在寻找一个社会矛盾爆发的突破口。安史之乱就提供了这个爆发的突破口。

安史之乱的出现还有另外一个背景，那就是大唐胡汉二元体制的内在张力。唐太宗平定东突厥，被西北胡族君长尊为"天可汗",唐朝天子兼有中原地区的天子和胡人族群天可汗的双重身份,这为唐代社会多元文化共处并存提供了一个制度和法理框架,在现实层面也确实营造了胡汉一家的社会氛围。安禄山等人正是利用了这个条件积聚了胡族力量,以粟特祆教为纽带组建核心骨干和特种兵,展开了颠覆大唐的军事行动。

唐朝前期各种内迁胡族部落依然存在,分布在长城边塞,安禄山、史思明就是其中的佼佼者。唐朝胡汉一家的政治品格,使得内迁胡族不但没有受到歧视,反而能够运用其长处,如通六番语、善骑射等,为国家效力,而且其领导人能做到很高的职位。讲安史之乱爆发的胡化因素,以及安史之乱后河北乃至山东地区的胡化问题,都要在这个背景下展开。

只有内迁胡族部落的军事和政治行动,没有塞外强大部落的响应,安史之乱的结果——安禄山建立的燕(755—763)政权只维持了不到八年时间,这比西晋晚期匈奴贵族刘渊建立的汉赵(304—329)政权更短暂。之所以如此,一个原因是晋朝政权的腐朽无法与跌落盛世的唐朝相比,后者的平叛能力更加强大；另外一个原因是没有塞外部族在此时乘虚而入，相反，塞外部落，如回纥，倒是成了唐朝的同盟军。安史之乱后的所谓胡化问题，也可以说其本质是汉化问题。内迁部落在河北藩镇建立之后，逐步打散了部落编制，逐渐进入汉化的洪流之中。

至于世人津津乐道的李隆基与杨贵妃的爱情问题，也影响到了唐朝政局：一是用人任人唯亲而不是唯贤，顺我者昌逆我者亡；二是拒谏饰非，怠于政事，丧失了处理重大危机的决策能力。这是家天下时代历代失败君王一再重复的故事。

从755年十一月安禄山起兵，到763年正月，大燕国的最后一个首领史朝义兵败自杀，历时七年多的安史之乱，算是画上了句号。

唐玄宗李隆基作为太上皇于头一年四月初五寿终正寝，逼其退位的肃宗李亨在十三天后随之晏驾，所以享受平定安史之乱果实的是唐代宗李豫（原名李俶，727—779）。

唐代宗执政凡十七年（762—779），旧史一概以"姑

李昭道《明皇幸蜀图》局部

安史之乱，唐明皇一行避难入蜀。

息"视之，其实不然。代宗有性格软弱的一面，也有面对
各种复杂局面努力重建帝国秩序的顽强。

吐蕃势力咄咄逼人，成为肘腋之患，每年要从各地
调军队驻扎京西地区，谓之"防秋"——防止秋高马肥之
际胡人前来侵袭。战争期间宦官和新的军人势力的增长也
令代宗不放心。宦官本来是监察军队的，却擅权干政；军
队本来是平定叛乱的，却尾大不掉，无法裁撤。河北的安
史旧部就在这种情况下，以保留原有军队编制的优厚条件
接受了投降。朝廷试图分而治之，设立了幽州、魏博、成
德、相卫等镇。

财政方面，唐代宗一方面任用刘晏改革漕运与盐铁专
卖事业，另一方面逐步出台政策，整顿租庸调赋税制度破
坏之后的财税体制，从而为德宗即位第一年就能推出新的
赋税体制"两税法"创造了条件。

代宗留给后世最大的遗产是全国政区的藩镇化。

关中地区节度使体制的确立，是从平定叛乱之后就逐
步形成的。平定安史之乱中功绩最为显著的朔方军势力独

大，好在郭子仪忠心耿耿，不出大乱。虽然郭子仪曾提出裁撤兵员，也只是做做样子表个态而已，防范吐蕃侵扰的现实需求摆在那儿，不可能裁撤。

中原地区的节度使体制同样是安史之乱期间发育起来的。如今又有了保护漕运之路畅通、遏制安史旧部南下的重要作用，是保障唐朝国家安全的中流砥柱。至于南方地区的藩镇，先是有整合力量的需求，之后则是逐渐从节度使体制降格，普遍推行观察使、团练使体制，只有淮南节度使例外，这里是宰相回翔之地，也是漕运要冲。

总之，安史之乱时期作为战时机制的藩镇及其军队编制，在战后依然不能完全回归和平时期的州县体制，实在是有不得已的原因。尽管如此，节度使位置世袭、藩镇赋税不上交中央，却是与中央集权国家"全国一盘棋"的治理体系完全不相容的。如果是西欧的封建制、近代的联邦制，或者中国西周时期的分封制，这些都属于正常状态。但是，在中古时代的中国，这不是能容忍的正常状态。

　　德宗即位后致力于削藩。他并不是撤掉藩镇编制，只是不准许藩镇自行世袭节度使职位，其中包括裁撤兵员名额，以便减轻财政负担，也是对地方因为军费沉重而不交赋税的做法釜底抽薪。

　　削藩初期取得了一些进展，但是由于操之过急，朝廷手里缺钱缺兵缺大将，没有一支可掌控的精锐部队，最终导致了失败。德宗甚至被泾原兵变赶出了长安。事定之后，德宗完全改变了此前急于求成的做法，转而努力扩大禁军，主要是神策军，及扩张财政储备。《新唐书·食货志》说，宪宗因德宗之积蓄而取得了对藩镇战争的胜利。

　　德宗死后最有名的改革是所谓"永贞革新"，或者叫"二王八司马改革"，大名鼎鼎的韩愈、柳宗元、刘禹锡都卷入其中。不过，韩愈是反对派。永贞革新是顺宗朝君臣试图重振朝纲的一种努力，只是皇帝病怏怏，主事者志大才疏，改革做了一些新皇帝即位后都要做的常规善政，不足以形成气候。在永贞革新灰烬中乘势而上的唐宪宗在裴度等人的辅佐下，展开了一场声势浩大的消灭割据藩镇的战争，最终取得了"元和中兴"的胜利。

唐代对于藩镇的斗争在宪宗元和年间出现一个高潮，"元和中兴"就是指包括河北三镇在内的割据藩镇都听命于中央，一扫安史之乱以来，河北之地王师不入的状态。

元和削藩的成功，原因是多方面的。

首先从硬实力上说，元和朝是安史之乱以来最好的时期，国库充实，神策军人数达到十几万，而且训练有素、战斗力强。其次，宪宗励精图治，以武元衡、裴度为代表的宰辅，以高崇文、李愬为代表的神策军将，以韩愈、白居易为代表的士大夫团队，为元和削藩成功提供了组织人事方面的保证。

可惜，就在举国上下为河朔不沾王化垂六十年（763—820）、如今重新回到中央的怀抱而欢欣鼓舞的时候，宪宗却因为食用仙丹引发性情暴戾，被宫中宦竖所杀。一个英武超群的帝王因为仙丹而被宦官所杀，致使王业受损，这是偶然的吗？不，不是，这恰恰是帝制时代最高领导者的痼疾。被仙丹毒死的还有唐太宗，因服用五食散性情暴戾而被下人所杀的还有拓跋珪。

中兴的局面很短暂。穆宗长庆之后，朝廷错误的销兵政策（硬性规定各藩镇兵每年必须有8%左右士兵因为逃亡和死去而自然减员）、新任河北地区几位朝廷任命的节度使处事失宜，以及河北骄兵品格的顽强习性，导致了河朔再乱的悲剧。河北诸镇故态复萌，朝廷只好承认既成事实，从此不再干预河北三镇的节度使继承和赋税征收事宜。敬宗、文宗、武宗都保持着这种态度，藩镇问题成为无解的僵局。

唐代后期另外一个政治难题就是宦官擅权。

唐宪宗是唐代历史上第一个死于宦官之手的皇帝，他的孙子唐敬宗也是被宦官所杀。宦官掌控神策军等中央禁军，可以废立皇帝，从文宗之后，即使皇帝立了太子，没有宦官的许可，也无法即位。于是，宦官专权成为唐代后期政治痼疾。唐文宗曾经一再利用身边的翰林学士除去宦官，但都以失败而告终。

唐朝中后期士族阶层借助逐渐完备的科举制而东山再起，占据朝廷要津。但是，这些士大夫外无法对付骄藩，内不能抗拒宦官，而只是因个人恩怨，在权力和个别政策问题上你争我斗，历史上称之为"牛李党争"。牛是牛僧孺，李是李德裕。

李德裕是一个非常优秀的政治家。他辅佐武宗的会昌朝，取得了多方面的成绩。武宗驾崩，宣宗即位，一朝天子一朝臣，李德裕被逐出朝廷。宣宗的大中政治虽然小有起色，但是，其为政察察为明，完全谈不上治国理政上大刀阔斧的改革与调整，也就不能改变大唐江河日下的趋势。

其实，从唐顺宗"永贞革新"以来，唐王朝改革行动可谓多矣，可是一次一次地失败。改革班子不坚强，一把手地位不牢固，改革的策略和用人失当，改革不能持续进行，改革目标偏重人事权力而不是制度创新，这些都是改革陷入困境，甚至陷入死胡同的主要原因。但是，所有原因中最核心的一条是大唐一把手——皇帝本身生于深宫之中、长于妇人之手，缺乏掌控全局的能力，官僚队伍蝇营狗苟，缺少社稷之臣。只有唐宣宗曾长期被冷落，尚有一些明君品质，李德裕是干练忠臣，不乏大臣风范，二人却不能合作开创新局面，说明唐朝的气数已尽，终究是无可奈何花落去。

古人把不能挽回的趋势归结为"天命"，说"天命难违"。但唐懿宗、僖宗的荒淫，胡作非为，简直天理难容！这是人作孽，不可活。天道远，人道迩！辉煌的大唐盛业就如此落幕了。

6. 五代二十九卷：陷入分裂·走向秩序

五代有《后梁纪》六卷、《后唐纪》八卷、《后晋纪》

六卷、《后汉纪》四卷、《后周纪》五卷。北宋之前的十国事迹也记载于此。

五代历史只有 53 年，却有二十九卷的篇幅。就比例而言是《资治通鉴》所记载的 1362 年历史中占比最高的。显然，对于司马光来说，五代是宋人的近代史，唐朝的灭亡与五代的乱局，对于大宋王朝来说，都是最为重要的历史经验。

五代后梁的开国皇帝朱温（852—912）就是亲手埋葬唐王朝的人。只是他缔造的梁朝太短命了，仅 16 年——尽管如此，后梁仍旧是五代朝廷中享祚最长的一个。

朱温是宋州砀山（今属安徽）人，幼年随寡母王氏在萧县（今属安徽）一个刘姓大户人家佣工，长大后也不好好营生，难免做一些偷鸡摸狗、打家劫舍的勾当。朱温被史家重点记载的故事有两条：一条是他随母亲做佣工，颇有异象——这是最老套的帝王故事；另外一条讲的是他的人生梦想——当他读到《后汉纪》中记载刘秀年轻的梦想"仕宦当做执金吾，娶妻当娶阴丽华"时，掩卷叹息："吾

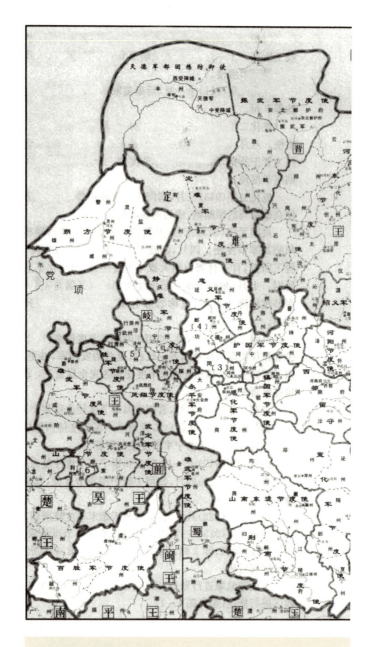

909 年后梁辖境示意图

周振鹤主编，李晓杰著《中国行政区划通史·五代十国卷》，页 20—21，复旦大学出版社。

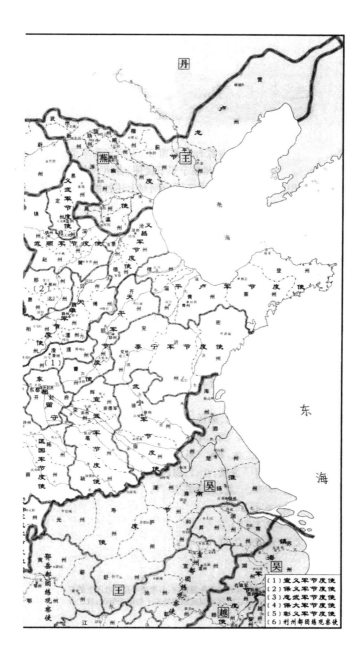

丹

燕 王

平 王

义武军节度使

义昌军节度使

武顺军节度使

(2)

天平军节度使

平卢军节度使

泰宁军节度使

(1)

东都留守

武宁军节度使

宣武军节度使

国国军节度使

吴 王

淮南节度使

东 海

吴 王

鄂岳都团练观察使

团练观察使

王

越 王

〔1〕宣义军节度使
〔2〕保义军节度使
〔3〕忠武军节度使
〔4〕保大军节度使
〔5〕彰义军节度使
〔6〕利州都团练观察使

后梁太祖朱温

朱温，年轻时投身黄巢起义军，后投降唐朝，被唐僖宗赐名"全忠"，后又改名朱晃。907年通过"禅让"形式夺取唐哀帝的帝位，国号"梁"，史称"后梁"。912年被亲子弑杀。

志亦当如此。"朱温心中也有一个"阴丽华"，这就是前宋州刺史的千金张氏。后来黄巢起义，天下扰乱，张氏母女逃离家乡，此时朱温参加了黄巢的部队，担任同州防御使。逃亡的张氏被朱温的部下掠来，当朱温见到了昔日的梦中女神，慌忙下堂迎接，正式娶为夫人。

朱温打仗勇猛，战绩卓著，在黄巢队伍中从士兵、队长做到将军、同州防御使（相当于唐朝的节度使）。朱温又善于权变，当发现黄巢逐渐显出颓势之时，及时接受了唐朝的招降。从乾符四年（877）参加黄巢造反，到中和二年（882）九月投降唐朝，次年任宣武节度使，年仅三十一岁。唐僖宗为之赐名"全忠"。在后来的六年中，朱温在平定黄巢大齐政权、削平陈州割据军阀的战争中屡立战功，在 888 年唐昭宗即位之时，年仅三十六岁的他已经是中原地区最有势力的新军阀了。

二十五岁出来混江湖，跟黄巢造反五年，降唐后平叛六年，朱温完成了人生巨大的转变。真可谓乱世的"英雄"。

公元 888 年，唐僖宗驾崩，宦官杨复恭做主，拥立僖宗之弟即位，是为昭宗。昭宗即位之初，颇思振作，但是，很快被现实碰得头破血流，变得十分暴躁，动辄杀害身边的侍从，引起宦官不满。这时候的朱温，丝毫无暇顾及朝廷政事，只是忙着在山东抢夺地盘。

光化三年（900）十一月，中尉刘季述、王仲先等废黜昭宗，立太子李裕为帝。事变发生后，宦官主动与朱温联络，向他传达了两重信息：第一，只要朱温支持他们，将来会帮助朱温获得唐家社稷；第二，太上皇（昭宗）出于自愿退位，有太上皇诰可以证明。朱温不为宦官的空头承诺所诱惑，处事十分谨慎。他从前线返回，专门召开僚佐开会，商讨对策。有人说，朝廷的事情，我们地方藩镇够不着，建议不要管。唯独天平节度副使李振慷慨陈词，力主讨伐刘季述等宦官。

李振说，今天国家有难，这是称王称霸的凭借与资本，主公对于现在的唐王朝而言，那就像齐桓公、晋文公对周王室那样重要，国家安危系于主公一身。他刘季述算什么东西，竟然敢废黜囚禁天子，你今天要是不讨伐叛逆，拿什么去命令诸藩镇呢！而今新皇帝年幼，如果宦官掌握大权，那就是将国家大权拱手与人了。

朱温大悟，豁然开朗，当即扣押刘季述派来的使者，同时派遣李振去京师打探情况。李振回来后，又派遣帐下亲信蒋玄晖去京师找宰相崔胤谋划；此外，还召宣武镇驻京办主任（进奏官）程岩到大梁，程岩某种程度上介入了刘季述废除皇帝的行动。

刘季述与王仲先两中尉发动的这次拥立政变，并没有得到地方军阀的支持与认可。史料记载说，太子即位好多天了，地方藩镇也没有表章来庆贺。究其原因，一方面宦官的势力已经不如当年那样强大，神策军的力量也走向衰落了；更为重要的另一个原因是皇帝的权力渐渐衰落，导致依附在皇权之下的宦官权力急剧衰落，现在宦官竟然想削弱本来就已经很孱弱的皇权来实现自己权力的欲望，这自然是南辕北辙了。

天复元年（901）正月初一，宰相崔胤策动神策军中下层军官诛杀刘季述、王仲先等，与朱温里应外合，拥立昭宗复辟。事实证明李振的分析是正确的，宦官废立皇帝既不能成功，也不符合朱温的政治利益。而朱温在整个事变中，反复权衡各方势力的举措，也说明他绝非鲁莽之辈。朱温的政治精明在利用崔胤的问题中表现得更加淋漓尽致。

崔胤出身于清河崔氏，父、祖均担任过朝廷要职，昭宗景福二年（893）崔胤拜相。昭宗初即位，颇思重振朝纲，先是罢免权宦杨复恭的职权，进而委托宰相杜让能筹划铲除凤翔节度使李茂贞（856—924）。这种鲁莽的做法，很快招致李茂贞的反制。崔胤就是在朝廷与京西节度使交恶的背景下，出任宰职的。其时宰相内斗分为两派，杜让能、韦昭度是一派，崔昭纬、崔胤是另一派。崔胤就是崔昭纬一手提携上来的。

崔胤及其同僚们面对的，不仅是京畿附近的跋扈藩镇，还有与外藩勾结的宦官势力。唐朝中晚期的宰相与宦官势力之间的矛盾斗争，被称为南衙北司之争，这更加剧了唐末政治的混乱。如今站在宦官背后的不是别人，正是京西北地区的节度使。崔胤认为，能够与宦官及其背后势力凤翔节度使李茂贞抗衡的藩镇势力，只有宣武节度使朱全忠，即朱温。

在李茂贞的军事进攻下，昭宗很快认败，不仅贬黜杜让能、韦昭度，另一位宰相崔昭纬也被罢免。896 年六月，又因为河中节度使继任人选的纷争，昭宗与华州刺史韩建（855—912）等发生冲突，被韩建劫持到华州，崔胤也因此而被罢免相职。崔胤暗中派人向朱全忠求助。朱全忠恰好也要在朝廷寻找自己的代理人，立马利用这个机会，给朝廷上书，要求留用崔胤为相。昭宗被迫召回已经外放广州、行至湖南地界的崔胤回京，再度担任相职。

　　崔胤终于抱上了朱全忠的大腿，而朱全忠则利用崔胤干预朝政，只是他当时主要精力仍然是山东地区的军事斗争，朝廷的旗号暂时就让崔胤替自己扛着。昭宗在华州被劫持的时间，长达两年之久，898 年八月方才回京。崔胤则拉大旗作虎皮，在朝廷里排除异己，宰相徐彦若、王抟均遭贬黜。弹劾王抟的时候，还是利用了朱全忠的威权，让朱全忠出面上奏章，说王抟与宦官勾结，将危害社稷，力劝昭宗诛杀宦官宋道弼、景务修等。

　　901 年，昭宗复辟之后，崔胤的地位更加显赫。"进位司空，复知政事，兼领度支、盐铁、三司等使。"既有盛名（司空），又有实权（三司使）。崔胤与昭宗密谋，尽除宦官，引起宦官们的恐惧。但是，昭宗内心并不认可崔胤的忠诚，仍然有所戒惧。这时候朱全忠已经从东方腾出手来，兵马向西，攻陷河中、晋绛，进兵至同华。神策中尉韩全诲等正是利用了昭宗的忌惮心理，说崔胤与朱全忠关系密切，担心他勾引汴军进逼京师，免除了崔胤相职，罢去所兼三司使，并挟持昭宗出奔凤翔李茂贞。

　　朝廷对于汴师西进的应对令人十分费解。难道你解除了崔胤的职位，就可以阻止汴师不成？崔胤联络朱全忠到岐山迎驾（夺回天子），他本人不仅没有陪驾西行，反而将朱全忠的军队引入长安，怂恿朱全忠上书皇帝，告知其即将奔赴行在，迎驾回宫。昭宗对崔胤的行为非常愤怒，下诏严厉斥责他没有报效国家的忠心，却有危害国家的计谋；指责他数次拜相，一无是处，导致皇帝出奔；还批评他引汴师入京的动机不良，意欲图谋不轨，指出他居住在华州是为朱全忠谋划称霸的策略。902年，朱全忠自岐下还军河中，崔胤迎谒于渭桥，捧卮敬酒，哭诉自己的委屈。他还自撰歌辞，持板唱歌，赞美朱全忠功高盖世。

从当年四月到次年正月，这样僵持了9个月后，李茂贞毕竟势力稍弱，杀了韩全海等宦官，决定放手昭宗，与朱全忠讲和。昭宗急诏征崔胤赴行在议论后策，凡四次降诏，三次赐朱书御札，崔胤都称病不赴。

903年正月二十二日，昭宗离开凤翔，来到朱全忠的军营。朱全忠素服（脱去公服）待罪。昭宗命客省使宣旨免罪，撤去正衙三卫的兵仗，仅留下传报平安的人，让他们穿着公服入见。朱全忠拜见皇上，顿首流涕。昭宗命韩偓扶之起，流着眼泪对他说：国家宗庙社稷，全靠你才重得安宁；我与诸大臣，全靠你才得以活命。昭宗并亲解玉带以赐之。

昭宗启程还京时，朱全忠单骑前导十许里，昭宗推辞，朱全忠就让侄子、大将朱友伦将兵扈从，自留部分后队，焚撤诸寨。三天后昭宗到兴平（今属陕西省咸阳市），崔胤率百官迎谒。崔胤复为司空、门下侍郎、同平章事，领三司如故。

崔胤利用朱全忠获得权势，朱全忠利用崔胤成功地控制了朝廷。

这一次崔胤一不做二不休，干脆与朱全忠联合奏请罢去左右神策、内诸司等使及诸道监军、副监、小使。宦官三百余人，同日斩之于内侍省；此外，所在诸道监军，也随处斩首以闻。

现在朱全忠成了最有权势的人，各方势力都要求助于他。崔胤要搞掉同事韩偓，请朱全忠出面，昭宗不得已贬黜韩偓。昭宗想要几天前被李茂贞胁迫嫁给他儿子的平原公主（何皇后之女）回来，就请朱全忠给李茂贞写信，李茂贞不敢违背朱全忠的意愿，遂将公主归还。现在朱全忠的党羽布满京城，侄子朱友伦率领步骑万人留守京师，充任最有权势的左军宿卫都指挥使。

崔胤自以为通过纵横捭阖，成了最有权势的首相。因为担心朱全忠篡位会殃及于己，于是他阴谋建立一支独立的中央禁军。这种算计哪里逃得过朱全忠的眼睛。朱全忠将计就计，让自家军队应募入伍，同时又立即向皇帝奏请诛杀崔胤，罪名是崔胤身兼数职，专权乱国，离间君臣关系。昭宗哪敢说半个不字！崔胤就这样聪明反被聪明误，反算了卿卿性命。

《资治通鉴》说，朱温最"怕"两个人：一个人是发妻张氏，一个是幕僚长敬翔。可惜张氏在他篡位之前就已经去世，敬翔则成为他奠定江山的张良和萧何。

敬翔是陕西大荔人，是参与神龙政变、逼迫武则天退位的"五王"之一敬晖的后代。传到他这里，父、祖、曾祖三代，都曾担任州刺史之类职务。敬翔喜欢读书，尤其擅长于书写，才思敏捷。僖宗乾符年间（874—879），考进士不第，卷入战乱，后来在朱温麾下就职。《资治通鉴》卷二百六十六记述一段关于敬翔的评论：

> 翔为人沈深，有智略，在幕府三十余年，军谋、民政，帝一以委之。翔尽心勤劳，昼夜不寐，自言惟马上乃得休息。帝性暴戾难近，人莫能测，惟翔能识其意趣。或有所不可，翔未尝显言，但微示持疑，帝意已悟，多为之改易。禅代之际，翔谋居多。

这段话有两层意思：敬翔非常勤勉，而且懂朱温。

举一个例子。朱珍与李唐宾都是朱温手下的大将，勇冠三军，朱温十分欣赏他们。但是，朱温对于手下大将，通常质押其家属。朱珍却把家属接到军中，这引起朱温的怀疑，担忧朱珍有二心，就派李唐宾去牵制他。有一次朱珍与李唐宾因为部下之事发生争执，朱珍大怒，一气之下杀了李唐宾，并派人告诉朱温说李唐宾谋叛。

朱珍的使者凌晨来到汴梁，敬翔担心朱温得知后会作出不理性的决断，便把使者藏起来，等到夜间再从容地去见朱温，报告事情。因为朱温听到消息虽然会发怒，却必须次日早晨才能处置，但经过一夜的思量，他一定会理性起来。

朱温接受了敬翔的意见，假装把李唐宾的家属都抓捕起来，造成听信朱珍说李唐宾谋叛的假象。朱温前往朱珍军前，朱珍距三十里迎接。朱温命武士把朱珍拿下，处以死刑。

这件事表明，敬翔非常了解朱温，他知道朱温乍看是一个粗人，但其实很理性。

明白了这件事例，我们才会明白后面的那句话："帝性暴戾难近，人莫能测，惟翔能识其意趣。或有所不可，翔未尝显言，但微示持疑，帝意已悟，多为之改易。"因此，敬翔从朱温身边的文书侍从职员，逐步成为首席顾问，不仅是敬翔的造化，更是朱温用人识人才能的展现。

朱温称帝之后，敬翔主管崇政院的工作，工作内容是"以备顾问，参谋议，于禁中承上旨，宣于宰相而行之。

宰相非进对时有所奏请及已受旨应复请者，皆具记事因崇政院以闻，得旨则复宣于宰相"。

朱温登基之后，国家治理也开始进入有序阶段。

左金吾大将军寇彦卿（862—918）是他的老部下，父辈就在宣武军任牙将，本人也立有大功。有一次入朝，行至天津桥，有民不避道，被随从举起来投诸栅栏之外而死。寇彦卿向朱温自首。寇彦卿有才干有功劳，久在左右听命。朱温命寇彦卿以私财赔偿给死者家属以赎罪，但御史司宪崔沂不同意，弹劾说："彦卿杀人阙下，请依法处置。"

朱温让寇彦卿自己说该当何罪。寇彦卿辩解说是意外造成的死亡。朱温本拟以过失罪论处，但崔沂上奏说：有权势者使手下人施暴，权势者是首犯，手下人属于从犯；并非斗殴中失手伤害他人，不属于过失罪。崔沂的分析获得朱温的认可。寇彦卿扬言："有得崔沂首者，赏钱万缗。"崔沂诉于朱温，朱温使人对寇将军说："崔沂有毫发伤，我当族汝！"史称，其时功臣骄横，由于此事的严肃处理，社会法治环境有了改善。

朱温最后不是死在疆场上，而是被自己的亲生儿子杀害的。

朱温有三个亲生儿子。长子朱友裕（？—904）在他称帝之前就已亡故；次子朱友珪（884—913），母为亳州营娼；三子朱友贞（888—923），是嫡妻张氏所生。另有一个养子朱友文（？—912），原名康勤。朱温对两个亲生儿子不满，认为他们都不是王朝接班人的理想人选，而是着意培养养子朱友文。

友文自幼聪颖，能诗善文，在朱温的儿子之中，只有他担任治理财赋的文职，"帝虽未以友文为太子，意常属之"。当朱温外出时，常命令朱友文留守，并兼任建昌宫使。建昌宫是朱温特设的一个政府机构，掌管后梁核心四镇（宣武、宣义、天平、护国）的征赋，实际上等于是让朱友文掌管国家财政。

912年六月初一，朱温命敬翔发出圣旨，命二子朱友珪为莱州刺史，即刻赴任。"已宣旨，未行敕"（内廷已经出旨，但是宰相府还没有下敕），友珪害怕中途被赐死，于是联手自己的老部下禁军统军韩勍，先以牙兵五百人跟随自己伏于禁中，夜半斩关而入，砍断万春门的门闩，奔向朱温的寝殿。朱温被刀刃穿透后背而毙命。

朱温被杀，给了梁政权以致命的打击。梁末帝朱友贞虽然定乱而自律，但并不是沙陀政权李存勖的对手，十年后而亡。著名史学家吕思勉说："在唐、五代之际，梁太祖确是能定乱和恤民的……惜乎天不假年，梁太祖篡位

后唐庄宗李存勖

李存勖，李克用之子，后唐开国皇帝。善于骑射，文武双全。923 年在魏州（今河北省邯郸市大名县）称帝，建立后唐。带兵灭后梁后，定都于洛阳。称帝三年后死于兵变。

后仅六年而遇弑。"（吕思勉《吕著中国通史》）他肯定了唐朝末年，唐政权是没有希望的政权，后梁的建立是一个进步。可是梁太祖建立的后梁为什么不能长治久安呢？这与家天下的痼疾有关。不肖子孙接班，无法巩固政权，而从打天下到治天下的战略转型，更无从谈起。

接下来的后唐（923—936）、后晋（936—947）、后汉（947—950）几个王朝的寿命一个比一个短促，这三个朝代共有八位皇帝，都是出身沙陀族（沙陀号称西突厥别部，又称沙陀突厥。所谓别部的意思有二，或者是非可汗王族，或者是西突厥势力强大时被裹挟的北方游牧部落），大多有姻亲或者拟血亲之类的关系，说后唐、后晋、后汉算一个朝代，也不为过。后唐明宗的女婿石敬瑭为了打击政治对手、后唐末帝李从珂（明宗养子），出卖燕云十六州给已经在辽河地区兴起的契丹政权，因此当上了儿皇帝，却给此后中原王朝留下了巨大隐患，即使北宋王朝也不能收回燕云之地。

五代历史的转折发生在后周王朝（951—960）。

后周开国者周太祖郭威（904—954）及其继任者养子柴荣（921—959），都是汉族军人。郭威最早上演了一场"黄袍加身"的把戏。周世宗柴荣颇具雄才大略，可惜寿命不永，子嗣幼弱，殿前都点检赵匡胤（927—976）成为最高军事长官。赵匡胤帮助周世宗整顿军队，削弱地方节度使势力，为化解五代藩镇坐大问题提供了基本条件。赵匡胤还是一个善于学习的将领，战争前线也不忘读书释疑，犹如三国时期的孙权和吴下吕蒙。由这样一个有文韬武略的青年军官出来收拾五代的残局，也真算是天降大任于斯人的历史选择。

五代军阀混战，头绪纷繁，《资治通鉴》的叙述详尽具体而条理分明，充分显示了编纂者高超的史才和史学。通读《资治通鉴》五代部分，我们可以看到隐藏在混乱中的秩序这样一个线索。从后梁开国，直到后唐、后周，无论是节度使逐渐阶官化、中央禁军逐渐整顿，还是逐渐限制地方镇将插手州县行政，都显示出五代中原秩序的恢复和重建，为赵匡胤创立的北宋制度，提供了经验和基础。

宋太祖赵匡胤

赵匡胤在后汉时投奔枢密使郭威，后周世宗柴荣在位时随征北汉、南唐，战功卓著。960年在"陈桥兵变"中"黄袍加身"，被拥立为帝，国号"宋"，史称宋朝或北宋。

　　五代时期，南方几个小割据政权尽力与中原政权搞好关系，维持偏安的局面。十国历史中，最值得关注的是南唐和吴越。吴越钱镠行伍出身，却懂得保境安民，营造了钱塘的繁荣安乐。南唐李昇祖孙三代，同样致力于发展经济和文化，对于中原政权也保持理智的态度。李昇的事业基础来自其两个养父。这里面的风云变幻、处事机宜，也值得我们探讨寻求。

《通鉴》家族

　　《资治通鉴》作为钦定的皇家史学工程，又有名人司马光主持，出版后即引起学者的广泛重视。李焘《续资治通鉴长编》、袁枢《通鉴纪事本末》、朱熹《资治通鉴纲目》、胡三省《资治通鉴注》，就是宋代学者续编、改编、简编及注解《资治通鉴》的代表作。这些续编、改编、简编和注解《资治通鉴》的著作，延续下来，就构成了一个庞大的史学家族，凸显了《资治通鉴》在史学史上的典范意义。

1. 续编系列

　　续编之作很多，我们这里着重介绍几种。

（1）《续资治通鉴长编》

作者李焘（1115—1184），字仁甫，一字子真，南宋眉州丹棱（今四川省眉州市丹棱县）人。高宗绍兴八年（1138）进士及第后，在蜀中及各地为官三十余载，孝宗乾道三年（1167）入京为史职，达十七年之久。官至敷文阁直学士、兼侍讲、同修国史。

李焘《续资治通鉴长编》九百八十卷（今存五百二十卷），接续《资治通鉴》撰写北宋一代历史，中华书局有标点本出版。这部书是李焘为官之暇陆续编纂而成，先后上报给朝廷的。南宋初年，司马光的形象异常高大，《资治通鉴》付梓并获得推崇。李焘欲接续司马光的事业，又不敢以司马光的后继者自任，故以成于助理之手的《长编》自命。

李焘突破《资治通鉴》的局限，仅记载北宋一朝一百六十七年的事迹，就用了近千卷的篇幅，七百多万字。记事丰富详赡，不拘形式，以史料的容量为限，原则上"宁失于繁，无失于略"，这虽然有繁芜之弊，对于史学研究而言则是一座宝库，因而，该书成为研究北宋及辽、西夏历史的第一等重要史料。

李焘吸收了《资治通鉴》的特点和长处，就内容而论，重点关注边事和吏治，即所谓天下之大利害；就写作而言，文字简洁，史料考证审慎，有注文一万多条，有一些难以遽断的史料，宁愿两存之。

（2）《续资治通鉴》

作者为清代学者毕沅（1730—1797），字纕蘅，江南镇洋（今江苏省太仓市）人。乾隆二十五年（1760）进士，廷试第一，状元及第，授翰林院编修。累官至陕西巡抚、河南巡抚、湖广总督。赐一品顶戴。

毕沅一生博雅工书，于经史、小学、金石、地理之学，无所不通。续司马光书，成《续资治通鉴》，又有《传经表》《经典辨正》《灵岩山人诗文集》等。

《续资治通鉴》二百二十卷，记载宋辽金元时期的历史，大约二百二十万字。

（3）《明通鉴》

作者夏燮（1800—1875），字谦甫，安徽当涂人。出自书香门第，道光元年（1821）中举，做过几任地方官，1860 年入两江总督曾国藩幕府。《明通鉴》署衔江西永宁县知县，说明是这时期完稿的，其写作时必当在四十岁出头，前后经历了二十余年。

夏燮生当晚清，入仕做官已经是鸦片战争之后，面临数千年未有之大变局时代，他编纂的《明通鉴》极具经世情怀，这一点与司马光是相同的，只是由于时代的差异，他不满意的不再是编年史之繁芜难以卒读，而是官修《明史》的诸多缺陷。1862 年，与人论及修纂《明通鉴》之事，他列举了《明史》的十大缺失，包括修史者有门户之见，对于明初建文朝事迹多缺失、明末易代之际或多回护遗漏，以及其他的内容错误等。

《明通鉴》一百卷。前编四卷，即太祖即位前事迹，从 1352 年起兵到 1367 年称帝之前。正编九十卷，记载明朝洪武至崇祯二百七十六年历史。附编六卷记载南明历史，纪事从崇祯十七年（1644）五月明福王在南京即位，到康熙三年（1664）南明永历政权最终灭亡之后不久。南明历史在清朝是禁忌，但是夏燮依据乾隆敕撰的《通鉴辑览·附唐桂两王本末》撰写南明史，又因为是附论，也避免了政治风险（参见《四库提要》"御批通鉴辑览"条）。

夏燮有纠正《明史》不足的初衷。在写作方法上，他认为有明一代史事，"非通鉴不足以经纬之"。因为通鉴体年经月纬，最方便安排史事，最容易鉴古知今。关于历史评论方面，夏燮主张"直书其事而得失劝惩寓焉"。这也是师法了司马光的做法。其"参证群书，考其同异"，使该书成为研究明代历史不可或缺之著作。

2. 改编系列

将《资治通鉴》的史料重新加以剪裁，创建出一个新体例，始自南宋学者袁枢《通鉴纪事本末》。此外，还有其他断代性质的四部"纪事本末体"著作。

（1）《通鉴纪事本末》

袁枢（1131—1205），字机仲，建州建安（今福建省建瓯县）人，孝宗隆兴元年（1163）进士，历任严州教授、太府丞兼国史院编修。

他的《通鉴纪事本末》四十二卷，约二百万字，全书选取《资治通鉴》原文，分门别类，编纂成二百三十九个历史事件（附录尚有六十六事），始于《三家分晋》，终于《世宗征淮南》。杨万里《通鉴纪事本末叙》赞誉说："此书也，其入《通鉴》之户欤！"由此，袁枢创造了一个修史新体例"纪事本末体"，按照章学诚的说法，这种体裁的史书，"文省于纪传，事豁于编年"（章学诚《文史通义》卷一《内篇一·书教下》）。

（2）《明史纪事本末》

谷应泰（1620—1690）撰写的《明史纪事本末》，八十卷，其纪事从 1352 年朱元璋起兵，到 1644 年李自成攻破北京、崇祯帝自杀为止，凡二百九十二年的历史。总共约八十多万字。

此前还有陈邦瞻（1557—1623）《宋史纪事本末》《元史纪事本末》，这两部史书虽然号称"纪事本末"，却并不是根据宋元编年体史书改写成的，与袁枢的书完全不同，它们是基于正史《宋史》《元史》等相关史籍编写的。谷应泰的《明史纪事本末》则不是这样，其成书在《明史》之前，因而更具有一手史料价值。

（3）《左传纪事本末》

构成五"纪事本末"之一的，除了以上四种外，还有清初学者高士奇（1645—1704）撰著的《左传纪事本末》。该书的蓝本可以追溯到南宋章冲的《春秋左氏传类事始末》（该书刊行于宋孝宗淳熙二年，即1175年），简称《左传类事始末》。高士奇将章冲的书加以扩大和重新剪裁，按照国别分卷（篇），计有周四卷，鲁十一卷，齐七卷，晋十一卷，宋三卷，卫四卷，郑四卷，楚四卷，吴三卷，秦一卷和列国一卷，凡五十三卷。

此外，中华书局出版的断代性质的《历代纪事本末》，还有《辽史纪事本末》《金史纪事本末》。这两部书都是晚清学者李有棠（1837—1905）撰。这只是补"纪事本末体"之阙，欲凑成完整系列而已。虽号称"纪事本末"的史书，都不是按照同时代的编年体著作改编，而是模仿袁枢体制独立撰写的。就其史学价值而论，更不及谷应泰的著作。

3. 简编系列

这个系列我们介绍《资治通鉴纲目》《纲鉴易知录》《通鉴辑览》三种。

（1）《资治通鉴纲目》

《资治通鉴》卷帙浩繁，司马光在成书之后，就有一个简编的计划，最先是撮其精要之语，别为《目录》三十卷；晚年进而觉得原书太详，《目录》太简，更撰《举要历》八十卷以适厥中，未克完成而卒。

南宋绍兴初，胡安国（1074—1138）就司马光《举要

历》遗稿，撰成《资治通鉴举要补遗》一百卷。根据朱熹
（1130—1200）《资治通鉴纲目序例》的说法，朱熹读了仍
然觉得不够提纲挈领，便在司马光《资治通鉴》《资治通
鉴目录》《举要历》以及胡安国《资治通鉴举要补遗》四
书的基础上，编撰了《资治通鉴纲目》五十九卷。

朱熹对《通鉴》的这种简化，其实也属于改编，也创
建了一个新体裁，即纲目体史书。"纲"的部分模仿《春
秋》，以大字简叙概括提要，寓褒贬于字斟句酌之中，从
义理上纠《通鉴》之失；"目"效法《左传》，以逐条分注
叙述史实细节。朱熹自己的说法是："大纲概举而鉴戒昭
矣，众目毕张而几微著矣。"

朱熹的《通鉴纲目》生前并没有付梓。嘉定十二年
（1219）在真德秀（1178—1235）的主持下，于泉州刊刻。

（2）《纲鉴易知录》

清初学者吴楚材（1655—1719）编纂。楚材字乘权，
浙江山阴（今浙江省绍兴市）人，曾与其侄儿吴调侯编纂
《古文观止》，流行于世。《纲鉴易知录》是仿效朱熹《通

鉴纲目》，并加以扩大的纲鉴体著作。该书上起三皇五帝，下讫元朝末年。再增补《续资治通鉴》所没有的明朝部分，号《明鉴易知录》。

《纲鉴易知录》在康熙五十年（1711）初次刊刻。据笔者研究，它可能是法国传教士冯秉正（J. de Moyriac de Mailla，1669—1748）撰写多卷本《中国通史》的中文原本。这本《中国通史》法文版在巴黎出版后，影响到了黑格尔、马克思等数代欧洲学者。

（3）《通鉴辑览》

乾隆皇帝敕撰。先是明正德宰相李东阳（1447—1516）等领衔编纂有《历代通鉴纂要》九十二卷，梓行于世。内容上起太昊伏羲氏，下终于元朝末年。张居正给万历皇帝讲读《通鉴》，就是用的这个本子。清高宗嫌其简陋，于乾隆三十三年（1768）敕命修订重撰，成《通鉴辑览》一百一十六卷，下讫于明代，并附《唐桂二王本末》三卷。乾隆皇帝亲作御批，故又称《御批通鉴辑览》。

该书作为皇家历史教科书，史实剪裁和内容组织堪称允当，既不同于《纲鉴易知录》文字过简，也不同于《资治通鉴》篇幅过繁（而且缺少战国之前和宋代之后的内容），篇幅大小适中，因而成为清代通行的历史读本，流行至于民国初年。

后来曾任商务印书馆和中华书局编辑的学者王文濡（1867—1935），又根据《东华录》增入清代史事，改名《增修补注正续历代通鉴辑览》，共一百四十卷。

4. 注解评论系列

主要介绍胡三省《资治通鉴音注》、严衍《资治通鉴补》、王夫之《读通鉴论》。

（1）《资治通鉴音注》

胡三省（1230—1302）是宝祐四年（1256）进士，与文天祥（1236—1283）、谢枋得（1226—1289）是同科进士（文天祥是第一名），宋人称之为同年。胡三省秉承家学，酷爱读史，入仕之初就已经以《通鉴》专家知名。1275年，他曾被推荐到大同乡台州人贾似道幕下任职，因见其冥顽刚愎，不听正言，乃弃官归乡里。在贾似道当政时期，他著有《资治通鉴广注》九十七卷、《论》十篇。元军灭亡南宋过程中，胡三省的家乡明州（今浙江省宁波市）也遭受兵燹之灾，胡注书稿化为灰烬。人到中年的胡三省决心从头开始，又花了十余年的时间，终于在至元二十三年（1286）完成《资治通鉴音注》，名为音注，实际上注释的内容十分广博。王鸣盛《十七史商榷》卷一百由衷地赞叹说："至胡三省注，始成巨观，可云青出蓝、蓝谢青，《通鉴》之功臣、史学之渊薮矣。"胡三省《资治通鉴》注中所表现出来的家国情怀、卓识洞见，陈垣先生在《〈通鉴〉胡注表微》里有精到的分析。

同时，胡注对于南宋学者史炤所作的《资治通鉴释文》中的舛谬之处，悉数加以改正成《辨误》十二卷。（史炤《释文》全文今不存，冯时行为其所作序文写于绍兴三十年，即1160年。）更方便的是，胡三省的注文，"以《考异》及所注者散入《通鉴》各文之下"，也就是把他自己的注文、辨误以及司马光的《考异》等分散在了《资治通鉴》相关文本的下面，浑然一体。

（2）《资治通鉴补》

明清时代的学者有一系列对于《资治通鉴》的研究、评论和注释之作，最知名的有明末学者严衍《资治通鉴补》。

万历秀才严衍，字永思，嘉定人。一生未仕，隐居教授为业，钱大昕著有《严衍传》。

严衍前后用了三十年之力，编著《资治通鉴补》二百九十四卷。严衍把他的工作，分为"正谬误""理紊乱""整错杂""删重复""破拘执""辩诬枉""补史断""补注释"等项（见《资治通鉴补》凡例）。其实，这几项可以归纳为对正文的补正和对注文的补正两个方面。

对于《通鉴》正文的补正，一是针对《通鉴》记载简略或失误之处，进行增订或纠正；《通鉴》编次失序的史实，被移置到他认为合适的地方。

至于注释方面，一是对上述补正作出分注说明理由；二是对于与《通鉴》不同的他书记载，广列异说，以为备考；三是对胡三省注文进行纠正或补充。严衍在《资治通鉴补》自序中，对于自己的工作颇为自负，说他这样做，"欲求为温公之功臣耳"。

由于《通鉴补》篇幅过于庞大，今人冯惠民编有《通鉴严补辑要》，颇便翻检。冯氏的《辑要》并没有完全照录，因为严衍所补的有些内容，比如"补隐逸""补贤媛""补艺术"之类，也许本来就在司马光修史视野之外，或者是作者删削的内容。这是很有见地的。

（3）《读通鉴论》

明清之际另外一部重要的研究著作是王夫之《读通鉴论》。它是最全面的一部评论《资治通鉴》所记史实的著作。有些评论已经具有一些新的思想意识。比如，他批评东汉"士风矫激"，不完全从道德上来看问题，这一点比赵翼《廿二史札记》强许多。同样是隋唐之际出来造反，王夫之不否定李密、李渊造反的正当性，但他针砭其造反手段、策略的高低。他判断是非的标准，不仅仅从行为的正当性出发，还从成效性来判断。他不否定诛杀独夫的正当性，他强调的是手段和策略是否高明。

近代以来，对《资治通鉴》的研究，有两个不同的角度，一个是史学史的角度，一个是政治史的角度。前者涉及的是史著，后者涉及的是史观。

民国时期有崔万秋的《通鉴研究》、张煦侯的《通鉴学》和陈垣的《〈通鉴〉胡注表微》。《通鉴学》写作于 20 世纪 40 年代，80 年代初出版，2019 年 6 月再版。从该书的章节目录可以窥见其梗概：第一章《编年史之回溯》言及《春秋》《左传》；第二章《〈通鉴〉编集始末》谈到著述过程与参编人物；第三章《〈通鉴〉之史料及其鉴别》依据《通鉴考异》所引书目分类列举；第四章《〈通鉴〉史学一斑》、第五章《〈通鉴〉之书法》，分别讨论通鉴的历史哲学和历史编纂学问题；第六章《〈通鉴〉之枝属与后继》论《资治通鉴》所衍生的各种史书；最后一章评论《通鉴》之得失并就编年史之改造提出看法。可以说，关于《资治通鉴》编纂学的一些知识性问题，该书提供了比较全面的基础性框架。

陈垣《〈通鉴〉胡注表微》最早在1945、1946年《辅仁学报》连载，1962年在中华书局重印，2009年收入商务印书馆的"中华现代学术名著丛书"再版，是研究《通鉴》及《通鉴注》的重要参考论著。刘乃和、宋衍申《〈资治通鉴〉丛论》，是一本论文集。此外，还有岑仲勉《〈通鉴〉隋唐纪比事质疑》、吴玉贵《〈资治通鉴〉疑年录》以及柴德赓《〈资治通鉴〉介绍》、雷家骥《帝王的镜子——〈资治通鉴〉》、李全德《〈资治通鉴〉史话》、姜鹏《稽古至治：司马光与〈资治通鉴〉》等。这些书籍或者考订《资治通鉴》的史实与纪年，或者概论作者及其编纂工作。

1. 历代的刊刻和流传

《资治通鉴》的编纂事业得以遂行，并能够流传到今天，有两个关键的时间窗口。

第一个是治平三年（1066）英宗批准设立专门的修书局，次年正月，英宗就崩驾了；治平四年十月新即位的神宗赐序。另一个是《资治通鉴》修毕，宋神宗元丰七年（1084）十一月，司马光上进书表，得到神宗的嘉奖；次年三月初七神宗就去世了，当年九月十七日奉旨重行校定，已经是哲宗在位，高太后垂帘听政时期。哲宗元祐元年（1086）四月奉旨下杭州镂版，司马光于同年九月初一去世，并没有看到印刷本。元祐七年（1092）版成，曾刻印若干部，惜今不存。哲宗绍圣（1094—

1097）以后，直至徽宗朝蔡京等新党掌权，司马光作为元祐党人之首，受到无情的贬斥和杀伐，《资治通鉴》也几乎被毁版。幸亏有人指出其前有神宗皇帝的序文，才免遭厄运。

　　南宋高宗绍兴二年（1132）七月初一《资治通鉴》初次刊板，三年十二月二十日毕工刊造。这就是南宋余姚官刻本，是传世的《资治通鉴》刻本的鼻祖。此后，元明清各朝均有刊刻本。元初在大都（今北京市）设立兴文署，刊刻经典，首部就选了胡三省注《资治通鉴》，有王磐序文。但是，兴文署后来并没有刻印《资治通鉴》。王国维《元刊本资治通鉴音注跋》已经对此提出疑问（王国维《观堂集林》卷二十一），详尽考证见辛德勇《所谓兴文署本胡注〈通鉴〉的真相及其他》。根据辛文考证，唯一的元刊本是台州儒学刊印的《胡注〈资治通鉴〉》，王磐序文被移刻于篇首（辛德勇《通鉴版本谈》）。

　　元刊胡注本把《通鉴考异》分散在相关原文之下，颇便使用。这个版片明初被征入南京国子监，明版《资治通鉴》就是用旧版重印的。清朝中期，这个版本已经不容易找到。嘉庆二十一年（1816）鄱阳胡克家翻刻元刊胡注本，成为《资治通鉴》最流行的本子。1956 年，齐思和、顾颉刚、聂崇岐等标点的《资治通鉴》就是以胡克家覆刻的元刊胡注本为底本，进行整理的。

目前中华书局还有两种版本供一般读者阅读使用。一个是"传世经典·文白对照"系列中的《资治通鉴》文白对照本，白话译文由沈志华、张宏儒主持翻译。另一个是简体字横排本。这两个版本都没有《考异》和胡三省注。

为了便于社会大众阅读，近几十年来，陆续有一些"文白对照全译"本《资治通鉴》出版①，这些版本一般没有《考异》和胡注，翻译水平也良莠不齐。此外，还有《柏杨版白话资治通鉴》，则属于参以己意的编译之作。《资治通鉴》选注本更是不胜枚举。比较知名的有王仲荦

---

① 主要有中华书局沈志华等主持的"文白对照全译"《资治通鉴》、线装书局楚水策划的"文白对照全译"《资治通鉴》；还有新世界出版社引进的台湾地区出版的黄锦钦主编的同名书。

选注的《资治通鉴选》，是郑天挺主编的《中国史学史资料》选编中的一种。这部书的特点是把胡三省注也作为《资治通鉴》的一部分选入，所选内容包括《张骞通西域》《党锢之祸》《黄巾起义》《黄巢起义》等八篇，带有那个时代的特色。

2. 海外传播掠影

《资治通鉴》在海外也受到欢迎，西方各大图书馆、重要汉学系资料室（或校图书馆），无不收藏《资治通鉴》、"二十四史"等中国典籍。

日本、韩国历史上深受中国文化影响，《资治通鉴》汉文版流传甚广。近些年韩国出版了全本翻译的韩文版《资治通鉴》，笔者 2019 年 10 月会见了译者权重达教授。权教授曾任教于韩国中央大学历史系，撰写和出版了多本有关《资治通鉴》的书籍。

德国福兰阁教授多卷本《中国通史》（写到元朝），主要取材也是《资治通鉴》《续资治通鉴》。此外，作为《通鉴》家族的一员，吴楚材编纂的《纲鉴易知录》是冯秉正法文本《中国通史》的主要母本（参见张国刚《胡天汉月映西洋——丝路沧桑三千年》）。

　　《资治通鉴》并不难懂，但是难读，因为它篇幅大，头绪多，文字繁。近年来，为了让更多读者了解《资治通鉴》，受益于《资治通鉴》里体现的历史智慧，我陆续出版了几本品读《资治通鉴》的书，其中《〈资治通鉴〉与家国兴衰》荣获 2016 年度"中国好书"，受到读者的广泛好评。

　　现在的这本小书《〈资治通鉴〉通识》，是应中华书局上海聚珍公司贾雪飞女士之邀，作为其策划的"中华经典通识"系列的一种，以简明的文字全面介绍司马光这部巨著的编撰本末、内容、价值及流传和影响，希望对于读者了解《资治通鉴》有一个导引的作用。为了丰富图书内容，提升阅读感受，书中也写了一些历史故事和对故事的分析，在编辑过程中也增加了大量相关图片，以图文互见的形式呈现，以便让大家感受到《资治通鉴》这部历史巨著的原貌和魅力。

所有不当之处，敬请读者批评指正。

张国刚
2022 年 5 月 4 日补记于清华园

《史记》和《资治通鉴》是中国传统经典中的两部"大书"。因为《资治通鉴》专取"关国家兴衰、系生民休戚"之史，得到了历代帝王、政要、学人异口同声的肯定和重视，被称为"天地间必不可无之书"。今《〈资治通鉴〉通识》，简要介绍《资治通鉴》的来龙去脉和内容价值，希望能引导读者走近这部"大书"，了解这部"大书"，并受益于这部"大书"。